Teste dich!

1 Auf welche Zahlen zeigen die Pfeile?

a)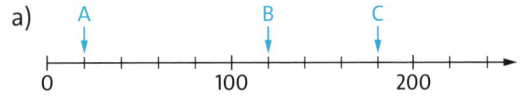

b)

c) Gib jeweils den Vorgänger und Nachfolger von A bis F an.

2 Ordne die Zahlen von klein nach groß.
a) 397; 793; 937; 379
b) 2 570; 2 751; 2 571; 2 754

3 Zeichne jeweils einen Zahlenstrahl. Trage die Zahlen ein.
a) 8; 11; 14; 17
b) 25; 40, 55; 70

4 Schreibe in eine Stellenwerttafel und dann mit Ziffern.
a) viertausenddreihundertzehn
b) zweihundertachttausendvier
c) sechs Millionen achttausendsieben

5 Runde.
a) auf Zehner: 56; 482; 3 975
b) auf Hunderter: 348; 555; 9 821
c) auf Tausender: 4 871; 9 578; 73 098

1 Auf welche Zahlen zeigen die Pfeile?

a)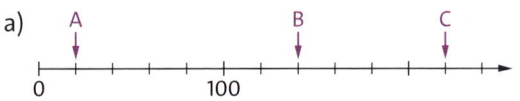

b)

c) Gib jeweils den Vorgänger und Nachfolger von A bis F an.

2 Ordne die Zahlen nach ihrer Größe.
a) 887; 788; 878; 787; 778
b) 2 403; 2 043; 2 340; 3 240; 3 422

3 Zeichne jeweils einen Zahlenstrahl. Trage die Zahlen ein.
a) 18; 21; 24; 33
b) 2000; 3000; 5500; 7500

4 Schreibe in eine Stellenwerttafel und dann mit Ziffern.
a) fünfundvierzigtausendsechs
b) sechzehn Millionen siebenhundertfünftausendvierhundertzwölf

5 Runde die Zahlen auf Zehner, auf Hunderter und auf Tausender.
a) 3 298   b) 9 905
c) 15 872   d) 9 876

6 Anne hat die Höhe der Berge gerundet und ein Schaubild dazu gezeichnet.
a) Was sagst du dazu?
b) An welcher Stelle hättest du die Zahlen gerundet? Begründe deine Antwort.

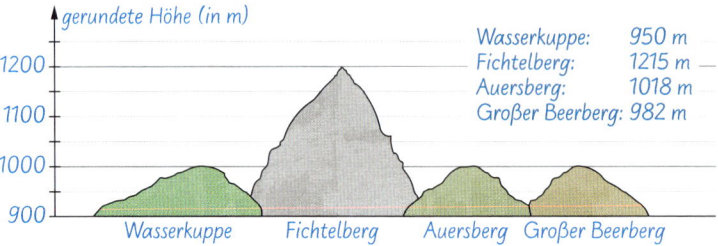

Wasserkuppe: 950 m
Fichtelberg: 1215 m
Auersberg: 1018 m
Großer Beerberg: 982 m

Checkliste

Nr.	mathematische Fähigkeit (Kompetenz)	☺	☺	☹	Hast du etwas falsch gemacht? Wo lag dein Fehler?	Hier kannst du dich verbessern.
1	Ich kann Zahlen vom Zahlenstrahl ablesen und Vorgänger und Nachfolger bestimmen.					S. 5
2	Ich kann Zahlen ordnen.					S. 4 S. 8–9
3	Ich kann einen Zahlenstrahl zeichnen und Zahlen eintragen.					S. 6–7
4	Ich kann Zahlwörter in Ziffern umwandeln und in eine Stellenwerttafel eintragen.					S. 10–12
5	Ich kann Zahlen runden.					S. 13
6	Ich kann Sachaufgaben zum Runden lösen.					S. 13

Kleiner oder größer?

< bedeutet: „ist kleiner als"
> bedeutet: „ist größer als"

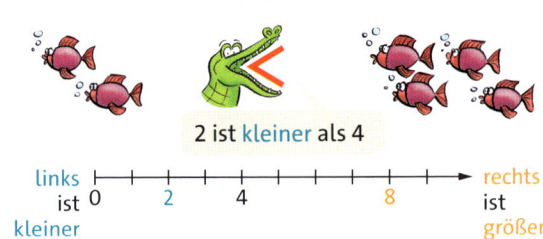

Der Zahlenstrahl hilft.

Je weiter links auf dem Zahlenstrahl, desto kleiner ist die Zahl.

2 < 4   2 ist kleiner als 4

Je weiter rechts auf dem Zahlenstrahl, desto größer ist die Zahl.

8 > 4   8 ist größer als 4

1 Kleiner als < oder größer als >?

a)

b)

c)

2 Kleiner als < oder größer als >?
a) 67 ▦ 76   b) 340 ▦ 309   c) 763 ▦ 673

Lösungen

1 a) 4 Fische < 6 Fische
   b) 3 Fische > 1 Fisch
   c) 11 Fische > 9 Fische

2 a) 67 < 76   b) 340 > 309   c) 763 > 673

Zahlen auf dem Zahlenstrahl ablesen

① In welchen Schritten zählt der Zahlenstrahl?
In Einer-Schritten?
In Zweier-Schritten?
In Dreier-Schritten?
In Zehner-Schritten, …?

② Zwischen welchen beiden Zahlen liegt der Pfeil?

③ Zähle bis zur gesuchten Zahl.

Wie heißt die Zahl am roten Pfeil?

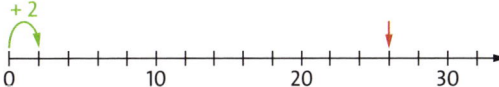

① in Zweier-Schritten

② Der Pfeil liegt zwischen 20 und 30.

③ 3 Striche nach der 20

Die gesuchte Zahl ist 26.

1 Wie heißt die Zahl am roten Pfeil?

a)

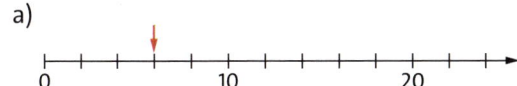

b)

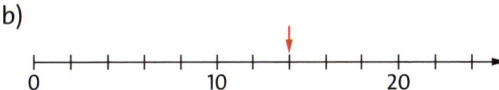

2 Wie heißt die Zahl am roten Pfeil?

a)

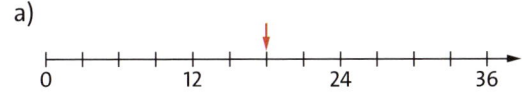

b)

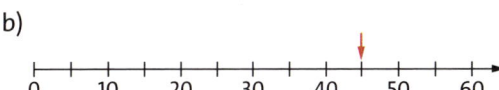

Lösungen

1 a) 6   b) 14

2 a) 18   b) 45

Zahlen auf dem Zahlenstrahl eintragen

① In welchen Schritten zählt der Zahlenstrahl?
  In Einer-Schritten?
  In Zweier-Schritten?
  In Dreier-Schritten?
  In Zehner-Schritten, …?
② Zwischen welchen beiden Zahlen muss die Zahl
  eingetragen werden?
③ Zähle bis zur gesuchten Zahl.
  Zeichne einen Pfeil an diese Stelle und
  beschrifte ihn mit der Zahl.

Zeichne die Zahl 16 ein.

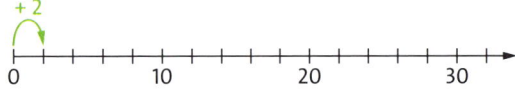

① in Zweier-Schritten
② Die Zahl 16 liegt zwischen 10 und 20.

③ 3 Striche nach der 10

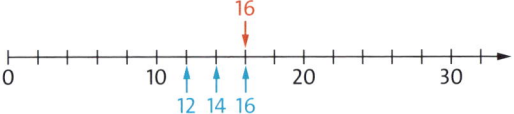

1 Trage die Zahl auf dem Zahlenstrahl ein.

a) 8   b) 16   c) 20

2 Zeichne einen Zahlenstrahl in Fünfer-Schritten.
Trage die Zahl ein.
a) 10   b) 25   c) 55

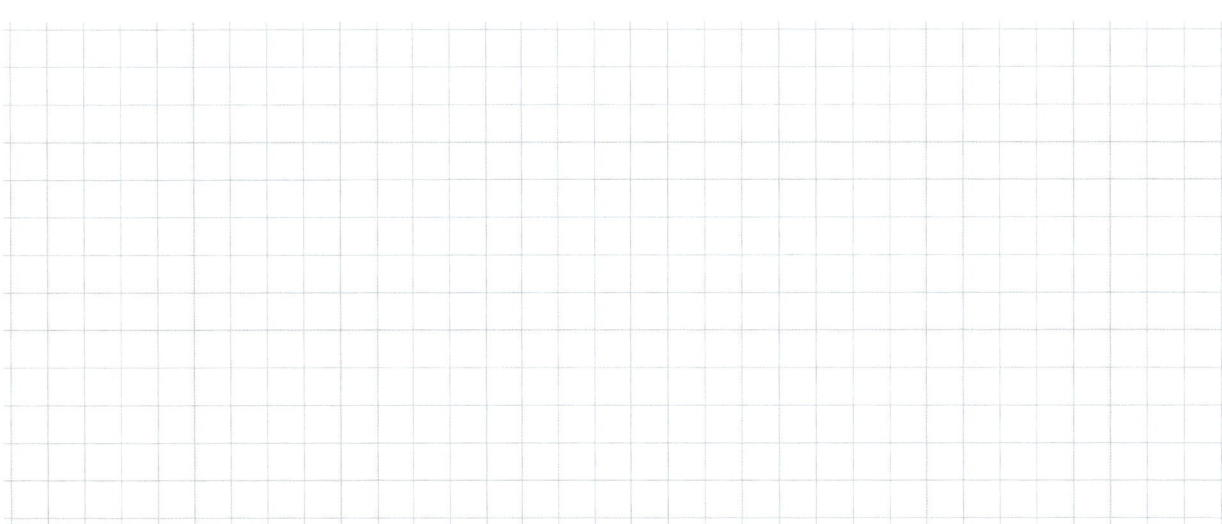

Lösungen

1 a) 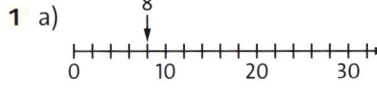   b) 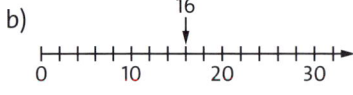   c)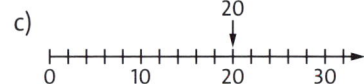

2 a) 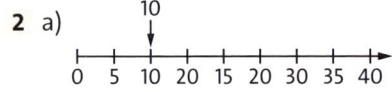   b)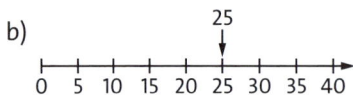

   c)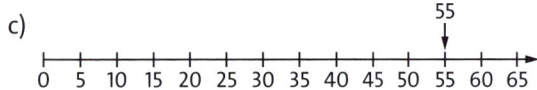

Zahlenstrahl zeichnen

Teile den Zahlenstrahl **gleichmäßig** ein.

> Das Kästchenpapier oder das Lineal hilft.

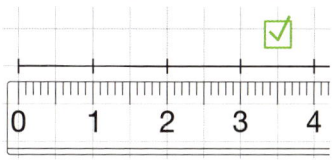 

Zeichne einen Zahlenstrahl. Trage die Zahlen ein.

Welche Zahl ist die größte, die du eintragen willst?

a) 1; 3; 6; 9
Die größte Zahl ist die 9.
Einteilung: 2 Kästchen sind 1 Schritt

> Damit alle Zahlen ins Heft passen.

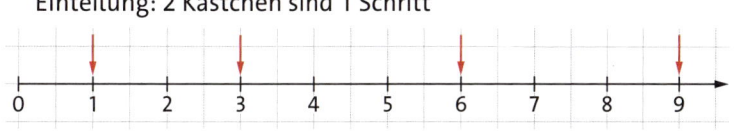

Bei größeren Zahlen musst du den Zahlenstrahl gröber einteilen.

b) 5; 20; 25; 40
Einteilung: 2 Kästchen sind 5 Schritte

> Sonst passt die 40 nicht.

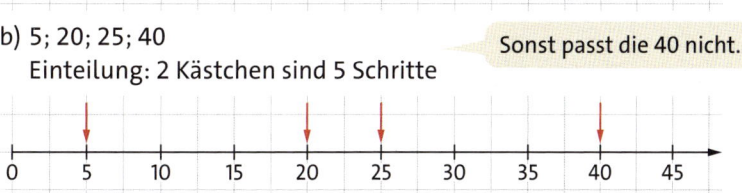

Bei Zahlen über 100 musst du für 2 Kästchen mindestens 10 oder 20 Schritte wählen.

c) 20; 50; 140; 170
Einteilung: 2 Kästchen sind 20 Schritte

> gröbere Einteilung als bei a) oder b)

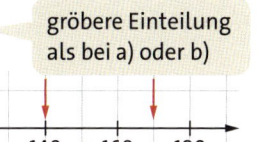

1 Zeichne einen Zahlenstrahl. 2 Kästchen sind 1 Schritt. Trage die Zahlen 2; 4; 7 und 9 ein.

2 Zeichne einen Zahlenstrahl. Trage die Zahlen ein.
a) 10; 25; 30; 40; 55   b) 20; 60; 120; 180; 200

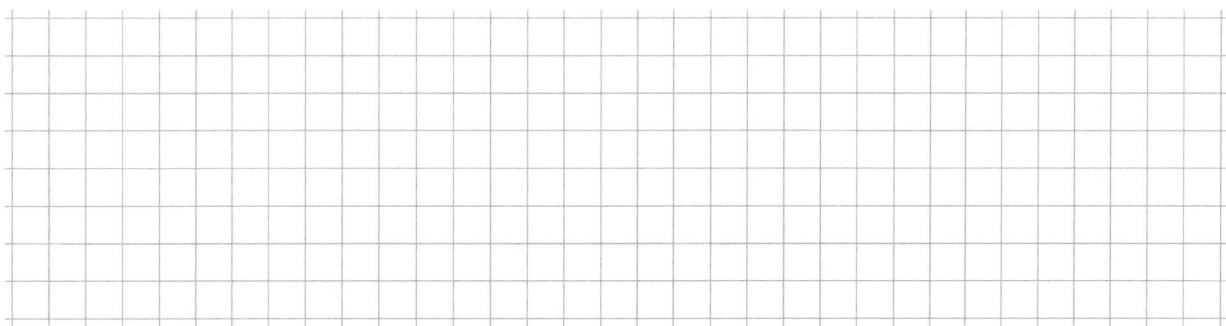

Lösungen

1

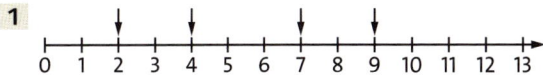

2 a)

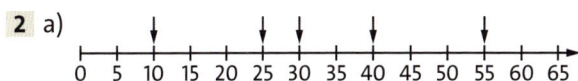

b)

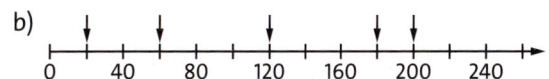

Zahlen stellenweise vergleichen: Kleiner oder größer?

Vergleiche die Zahlen stellenweise.
Beginne links bei der **größten Stelle**.
Vergleiche dann die Stellen
Schritt für Schritt.

Das Krokodil frisst immer
die größere Zahl.

a) 5740 ▧ 5701
    ① 5 = 5
    ② 7 = 7
    ③ 4 > 0
also ist 5740 > 5701

b) 134 ▧ 1043
    134 hat keinen
    Tausender.
Also ist
134 < 1043

1 Vergleiche die Zahlen.

a) 4826 ▧ 4862   b) 1001 ▧ 617   c) 10 589 ▧ 15 098   d) 48 007 ▧ 888

Lösungen

1 a) 4826 < 4862   b) 1001 > 617
   c) 10 589 < 10 098   d) 48 007 > 888

Zahlen ordnen

Man kann Zahlen der Größe nach ordnen:
  von klein nach groß
oder von groß nach klein.

Ordne die Zahlen.
Beginne mit der **kleinsten** Zahl.

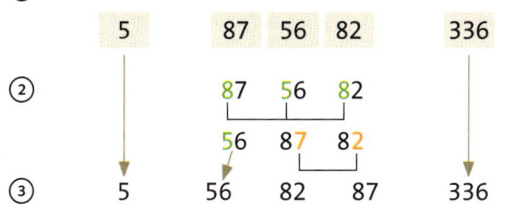

① Ordne nach der Anzahl der Ziffern.

② Vergleiche dann stellenweise.

③ Schreibe die Zahlen der Reihe nach auf.

1 Ordne die Zahlen.

a) Beginne mit der kleinsten Zahl.

241   24   4   14   42   2

b) Beginne mit der größten Zahl.

48   67   8   120   12   250

2 Ordne die Geldbeträge und die Längen. Vergiss die Einheit nicht.

a) Beginne mit dem meisten Geld.

6 €   61 €   16 €   60 ct   600 €

b) Beginne mit der kürzesten Länge.

1 m   51 cm   5 dm

> Unterschiedliche Einheiten erst in dieselbe Einheit umrechnen.

Lösungen

1 a) 2; 4; 14; 24; 42; 241
   b) 250; 120; 67; 48; 12; 8

2 a) 600 €; 61 €; 16 €; 6 €; 60 ct
   b) 5 dm = **50 cm**; **51 cm**; 1 m = **100 cm**

Zahlen in eine Stellenwerttafel eintragen

Beginne immer ganz rechts mit den **Einern E**.

Schreibe auch die Nullen auf.

a)   72 803

b) 400 050 100

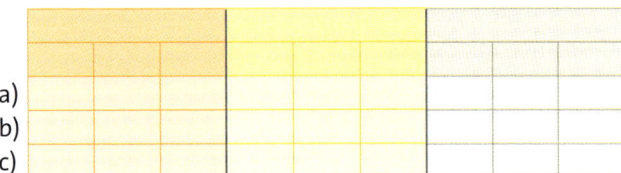

	Millionen			Tausender					
	HM	ZM	M	HT	ZT	T	H	Z	E
a)					7	2	8	0	3
b)	4	0	0	0	5	0	1	0	0

Das bedeuten die Abkürzungen:

hundert Millionen	zehn Millionen	Millionen	Hundert-tausender	Zehn-tausender	Tausender	Hunderter	Zehner	Einer

1 Ergänze die Überschriften in der Stellenwerttafel. Trage die Zahl ein.

a) 403

b) 430 775

c) 12 088 579

a)

b)

c)

2 Zeichne eine Stellenwerttafel und trage die Zahl ein.

a) 687 223 148   b) 5 651 874   c) 80 160 547   d) 970 000 000

Lösungen

1

	Millionen			Tausender					
	HM	ZM	M	HT	ZT	T	H	Z	E
a)							4	0	3
b)				4	3	0	7	7	5
c)			1	2	0	8	8	5	7	9

2

	Millionen			Tausender					
	HM	ZM	M	HT	ZT	T	H	Z	E
a)	6	8	7	2	2	3	1	4	8
b)			5	6	5	1	8	7	4
c)			8	0	1	6	0	5	4	7
d)	9	7	0	0	0	0	0	0	0

Zahlen in Stellenwerte zerlegen

So zerlegst du eine Zahl in ihre Stellenwerte.
Eine Stellenwerttafel hilft dabei.

Schreibe die Ziffern mit den Abkürzungen auf:
– von links nach rechts
– setze zwischen die Stellenwerte ein +.

Du kannst die einzelnen Stellenwerte auch als
Zahlen angeben.

Zerlege 3705 in Stellenwerte.

Tausender					
HT	ZT	T	H	Z	E
		3	7	0	5

Bei **Z** steht eine Null. Diese Stelle kann wegfallen.

$$3\,T \quad +7\,H \quad +0\,Z \quad +5\,E$$

kurz: $\quad 3\,T \quad +7\,H \qquad\quad +5\,E$

$\qquad\quad 3000 \quad +700 \qquad +5$

---

1 Zerlege die Zahl in ihre Stellenwerte. Nutze die Abkürzungen aus der Stellenwerttafel.
Welche Stelle kann wegfallen?

a) 456 b) 3456 c) 1205 d) 300 005

2 Welchen Wert hat die markierte Stelle?

	Tausender					
	HT	ZT	T	H	Z	E
a)			8	4	2	0
b)		5	6	1	1	5
c)	2	4	0	7	9	0

3 Gib die einzelnen Stellenwerte als Zahl an.

a) 4592 b) 30 561 c) 405 007 d) 30 500

Lösungen

1 a) 4 **H** + 5 **Z** + 6 **E**   b) 3 **T** + 4 **H** + 5 **Z** + 6 **E**   c) 1 **T** + 2 **H** + 5 **E**   d) 3 **HT** + 5 **E**

2 a) 2 **Z** = 20   b) 6 **T** = 6000   c) 2 **HT** = 200 000

3 a) 4000 + 500 + 90 + 2   b) 30 000 + 500 + 60 + 1   c) 400 000 + 5000 + 7   d) 30 000 + 500

Zahlen in Wörtern lesen und schreiben

Zahlen **bis zur Stelle Hunderttausender (HT)** schreibt man in einem Wort.

	Millionen			Tausender					
	HM	ZM	M	HT	ZT	T	H	Z	E
286 395				2	8	6	3	9	5

zweihundertsechsundachtzigtausenddreihundertfünfundneunzig

Zahlen **ab der Stelle Millionen (M)** schreibt man auseinander.

	Millionen			Tausender					
	HM	ZM	M	HT	ZT	T	H	Z	E
3 450 791			3	4	5	0	7	9	1

drei Millionen vierhundertfünfzigtausend siebenhunderteinundneunzig

---

1 Ordne zu. Eine Zahl bleibt übrig.
a) dreihundertfünfundvierzig
b) dreitausendfünfhundertsiebenundvierzig
c) fünfunddreißigtausendvierhundertsiebzig
d) dreißigtausendfünfhundertundvier

3547   35470

345   30504

30054

2 Schreibe die Zahl in Wörtern.

	HM	ZM	M	HT	ZT	T	H	Z	E
a)					5	2	7	8	2
b)		6	3	2	0	9	0	5	4

c) 77 653 661
d) 912 500 031

Lösungen

1 a) 345   b) 3547   c) 35470   d) 330504

2 a) zweiundfünfzigtausendsiebenhundertzweiundachzig
   b) dreiundsechzig Millionen zweihundertneuntausendvierundfünfzig
   c) siebenundsiebzig Millionen sechshundertdreiundfünfzigtausend sechshunderteinundsechzig
   d) neunhundertzwölf Millionen fünfhunderttausendeinunddreißig

Zahlen runden

① Kreise die Rundungsstelle ein.

Tausender	Hunderter	Zehner	Einer
1	3	7	2
	5	6	8

Die Ziffer rechts davon entscheidet.

② Bei 0; 1; 2; 3 oder 4 abrunden.
Bei 5; 6; 7; 8 oder 9 aufrunden.

≈ ist ungefähr

Runde 1372 auf Zehner.
① 137Ⓐ2
↑
Die 2 entscheidet!

② Bei 2 abrunden:
137Ⓐ2 Zehner bleibt gleich
≈ 137Ⓐ0 ← Rest Nullen

Runde 568 auf Hunderter.
① Ⓢ68
↑
Die 6 entscheidet!

② Bei 6 aufrunden:
Ⓢ68 Hunderter + 1
≈ 600 ← Rest Nullen

1 Runde auf Zehner.
a) 57   b) 83   c) 392   d) 2415

Welcher Zehner liegt näher?
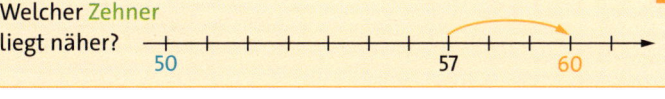
50   57   60

2 Runde auf Hunderter.
a) 247   b) 736   c) 1392   d) 2459

Welcher Hunderter liegt näher?
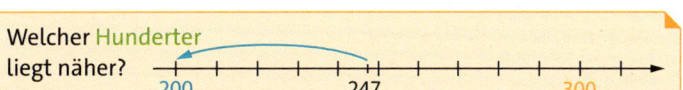
200   247   300

Lösungen

1 a) 60   b) 80   c) 390   d) 2420

2 a) 200   b) 700   c) 1400   d) 2500

Teste dich!

1 Rechne im Kopf oder halbschriftlich.
a) 176 + 51   b) 64 – 28   c) 582 + 74   d) 395 – 49

2 Tausche Zahlen vorteilhaft und berechne.
a) 23 + 18 + 7
b) 592 + 37 + 118
c) 545 + 172 + 455

2 Rechne vorteilhaft.
a) 328 + 54 + 12
b) 275 + 691 + 5525
c) 33 241 + 907 + 1859

3 Setze die Klammern vorteilhaft
und berechne.
a) 13 + 57 + 4
b) 64 + 4 + 46
c) 172 + 28 + 242
d) 97 – 63 – 13

3 Setze die Klammern vorteilhaft
und berechne.
a) 44 + 581 + 59
b) 203 + 97 + 21
c) 876 + 344 + 156
d) 762 – 218 – 10

4 Berechne. Achte auf die Klammern.
a) (632 – 489) + 709
b) 442 – (951 – 728)
c) 853 – (572 + 142) + 27

4 Berechne. Achte auf die Klammern.
a) (739 + 504) – 1206
b) 7402 – (4576 + 2091) + 1825
c) 1297 – (529 + 101) – (376 – 349)

5 Addiere schriftlich.
Überprüfe dein Ergebnis.
a) 854 + 268
b) 7556 + 544
c) 423 + 23 907
d) 7645 + 987 + 364

5 Addiere schriftlich.
Überprüfe dein Ergebnis.
a) 7653 + 349
b) 9521 + 57 669
c) 798 + 92 076
d) 9764 + 641 + 37 245

6 Subtrahiere schriftlich.
Überprüfe dein Ergebnis.
a) 579 – 82
b) 821 – 194
c) 3123 – 999
d) 1200 – 368 – 485

6 Subtrahiere schriftlich.
Überprüfe dein Ergebnis.
a) 3258 – 1274
b) 2400 – 1856
c) 5200 – 388
d) 6221 – 286 – 1495

7 Eine Basketball-Arena hat Platz für
6069 Zuschauer.
Beim 1. Spiel sahen 6021 Zuschauer zu.
Beim 2. Spiel waren es 114 weniger.
a) Wie viele freie Plätze
   gab es noch
   beim 1. Spiel?
b) Wie viele Zuschauer
   waren bei den beiden
   Spielen insgesamt da?

7 Ein 2372 m langer Tunnel wird gebaut.
Zwei Teams arbeiten von beiden Seiten des
Tunnels aufeinander zu.
Team A hat bereits 896 m gebohrt.
Team B hat bereits
943 m geschafft.
Wie weit sind
die Teams noch
voneinander
entfernt?

Checkliste

Nr.	mathematische Fähigkeit (Kompetenz)	☺	☺	☹	Hast du etwas falsch gemacht? Wo lag dein Fehler?	Hier kannst du dich verbessern.
1	Ich kann im Kopf addieren und subtrahieren.					S. 16–18
2	Ich kann das Vertauschungsgesetz anwenden, um vorteilhaft zu rechnen.					S. 19
3	Ich kann Klammern setzen, um vorteilhaft zu rechnen.					S. 20–21
4	Ich kann rechnen und dabei die Vorrangregeln beachten.					S. 20–21
5	Ich kann schriftlich addieren.					S. 22–24
6	Ich kann schriftlich subtrahieren.					S. 25–29
7	Ich kann Sachaufgaben zur Addition und Subtraktion lösen.					S. 22–29

Addieren und subtrahieren

3 + 2 = 5

3 **plus** 2 gleich 5

Addieren bedeutet:
plus rechnen, hinzu-
fügen, dazurechnen, …

3 Kinder sitzen im Bus. Es kommen 2 Kinder dazu. Jetzt sind 5 Kinder im Bus.

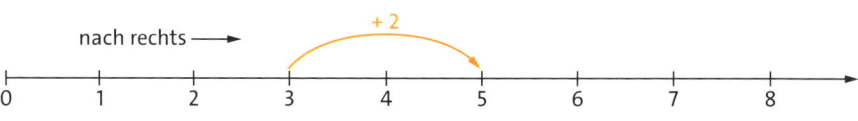

nach rechts →   + 2

4 − 3 = 1

4 **minus** 3 gleich 1

Subtrahieren bedeutet:
minus rechnen, weg-
nehmen, abziehen, …

4 Kinder sitzen im Bus. Es steigen 3 Kinder aus. Jetzt ist 1 Kind im Bus.

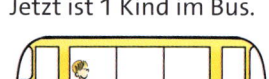

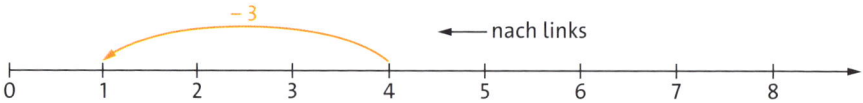

− 3   ← nach links

---

1 Addieren oder subtrahieren? Schreibe die Rechnung auf.

a) 4 Socken werden noch aufgehängt.

b) 7 Kerzen wurden schon ausgepustet.

2 Addieren oder subtrahieren? Schreibe die Rechnung auf.

a) + 4   b) − 5   c) + 8   + 5   d) − 2   − 3

5 | | 7   12 | | | | 8

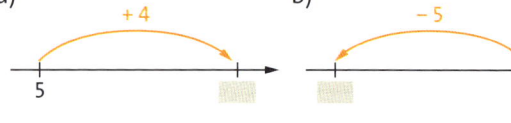
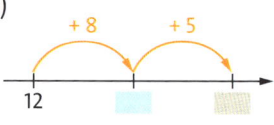
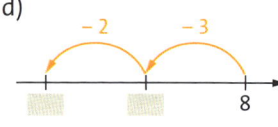

Lösungen

1 a) 6 + 4 = 10   b) 12 − 7 = 5

2 a) 5 + 4 = 9   b) 7 − 5 = 2   c) 12 + 8 = 20   20 + 5 = 25   d) 8 − 3 = 5   5 − 2 = 3
oder 12 + 8 + 5 = 25   oder 8 − 3 − 2 = 3

Rechenmauern mit +

Beginne in der
Reihe ganz unten.

Rechne immer zwei Steine, die nebeneinander liegen, zusammen: +
Schreibe das Ergebnis in den Stein darüber.

a)

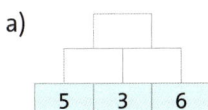

①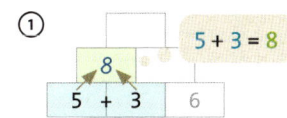

5 + 3 = 8

②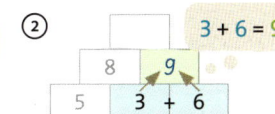

3 + 6 = 9

③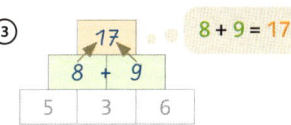

8 + 9 = 17

Bei einigen Rechenmauern fehlt die Zahl in einem Stein darunter.

b)

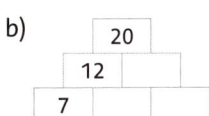

①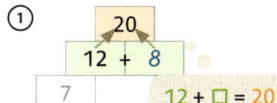

12 + □ = 20

②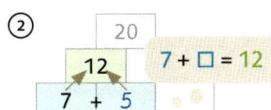

7 + □ = 12

③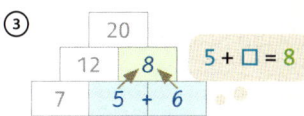

5 + □ = 8

1 Berechne.

a)

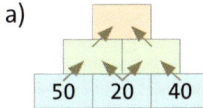

b)

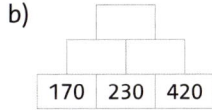

c)

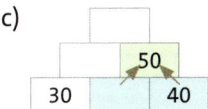

d)

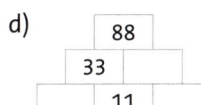

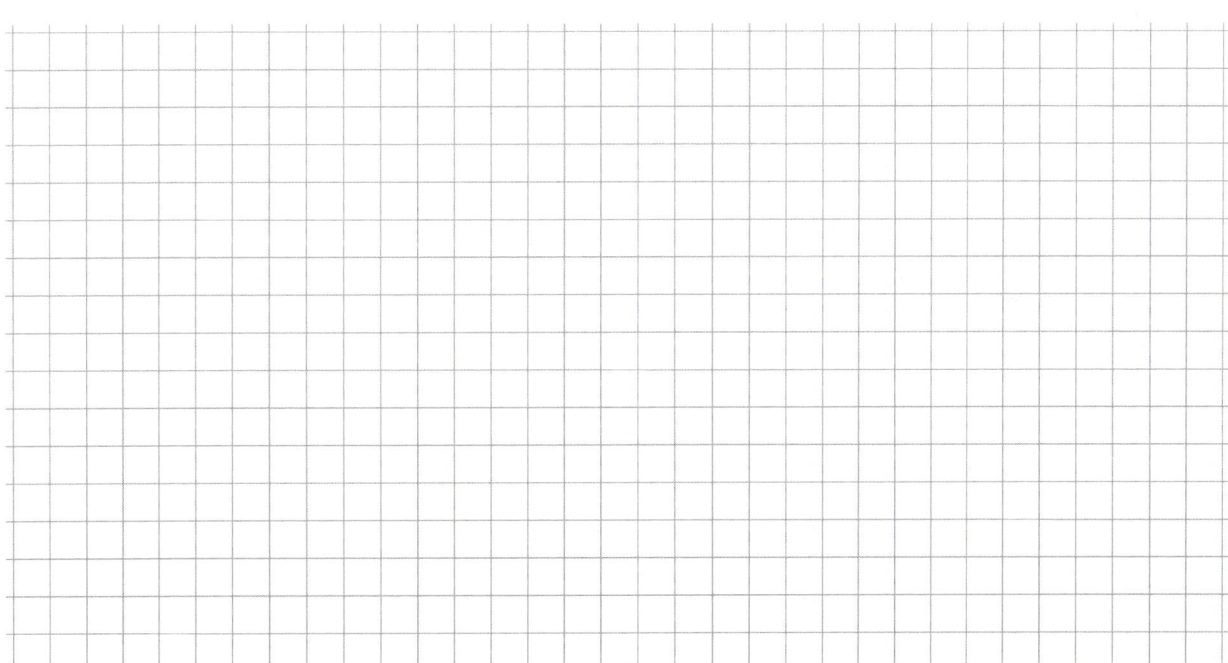

Lösungen

1 a)

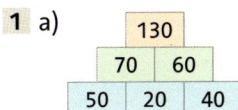

b)

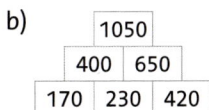

c)

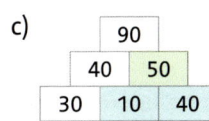

d)

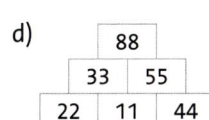

Rechentabellen mit + und –

Schreibe das Ergebnis immer in das Feld, wo sich Zeile und Spalte treffen.

1 Berechne.

Beginne immer mit der Zahl in der ersten Spalte.

a)

+	2	6	11
3			
5			
9			

b)

–	3	5	9
10			
12			
15			

Lösungen

1 a)

+	2	6	11
3	5	9	14
5	7	11	16
9	11	15	20

b)

–	3	5	9
10	7	5	1
12	9	7	3
15	12	10	6

Vertauschungsgesetz bei +

Bei + kann man die Zahlen vertauschen.
Das Ergebnis bleibt gleich.

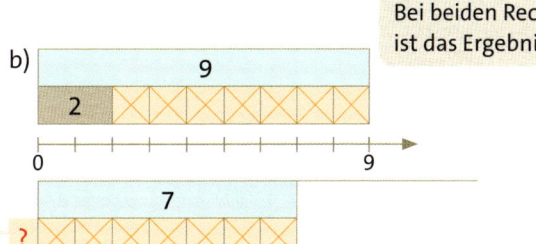

a)

$7 + 5 = 12$

$5 + 7 = 12$

Bei beiden Rechnungen ist das Ergebnis 12.

Aber **Vorsicht**:
Bei – geht das nicht.

b)

$9 - 7 = 2$

$7 - 9 = ?$

Das geht nicht.

1 Wo kann man Zahlen tauschen, ohne dass sich das Ergebnis ändert?
Vertausche dann und berechne.

a) 8 + 7　　　　　　b) 6 – 2　　　　　　c) 26 + 17　　　　　　d) 31 – 9

2 Vertausche zwei Zahlen:
Zusammen sollen sie eine Zehner- oder Hunderterzahl ergeben.

Dann ist es einfacher zu rechnen.

a) 12 + 25 + 8　　　　　b) 30 + 120 + 70　　　　　c) 36 + 25 + 44

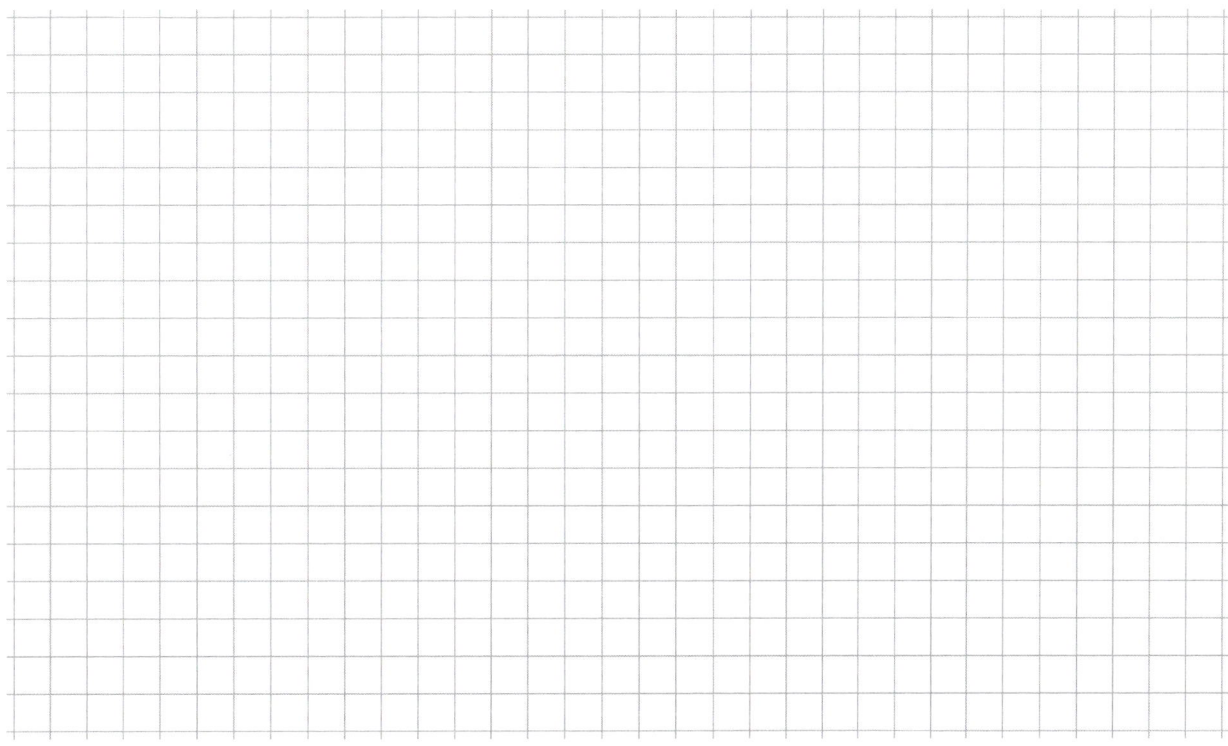

Lösungen

1 a) Man kann tauschen: 8 + 7 = 15 und 7 + 8 = 15　　　b) Man kann nicht tauschen: 6 – 2 = 4
　　c) Man kann tauschen: 26 + 17 = 43 und 17 + 26 = 43　　d) Man kann nicht tauschen: 31 – 9 = 22

2 a) = 12 + 8 + 25 = 20 + 25 = 45　　b) = 30 + 70 + 120 = 100 + 120 = 220　　c) = 36 + 44 + 25 = 80 + 25 = 105

Aufgaben mit + und – und Klammern

① Klammern immer zuerst.
② Dann von links nach rechts.

$$15 - (3 + 2)$$

① = 15 – 5

② = 10

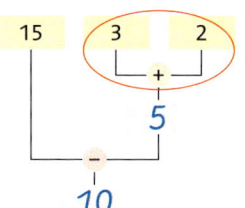

1 Berechne. Beachte die Klammern.

a) 12 + (23 + 35)   b) 65 – (42 – 24)   c) (235 + 60) + 28   d) 120 – (95 – 25)

Lösungen

1 a) = 12 + 58 = 70   b) = 65 – 18 = 47   c) = 295 + 28 = 323   d) = 120 – 70 = 50

Verbindungsgesetz bei +

Mit Klammern kann man die Reihenfolge und auch das Ergebnis ändern.

> **Klammern** immer zuerst.

Bei + kann man überall Klammern setzen. Das Ergebnis bleibt gleich.

Aber **Vorsicht**: Bei − geht das nicht.

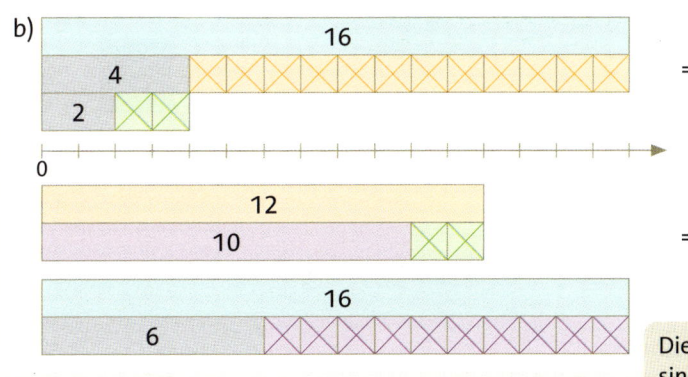

a)
$$(5 + 2) + 8$$
$$= \quad 7 \quad + 8$$
$$\underline{15}$$

$$5 + (2 + 8)$$
$$= 5 + \quad 10$$
$$\underline{15}$$

> Bei beiden Rechnungen ist das Ergebnis 15.

b)
$$(16 - 12) - 2$$
$$= \quad 4 \quad - 2$$
$$\underline{2}$$

$$16 - (12 - 2)$$
$$= 16 - \quad 10$$
$$\underline{6}$$

> Die Ergebnisse sind **nicht gleich**.

---

1 Wo kann man Klammern setzen, ohne dass sich das Ergebnis ändert?
Setze dann Klammern und berechne.
a) 6 + 7 + 2   b) 11 − 5 − 4   c) 23 + 16 + 15   d) 46 − 12 − 6

2 Setze eine Klammer:
Zusammen soll sich dadurch eine Zehner- oder Hunderterzahl ergeben.

> Dann ist es einfacher zu rechnen.

a) 48 + 3 + 7   b) 24 + 16 + 39   c) 26 + 34 + 65

Lösungen

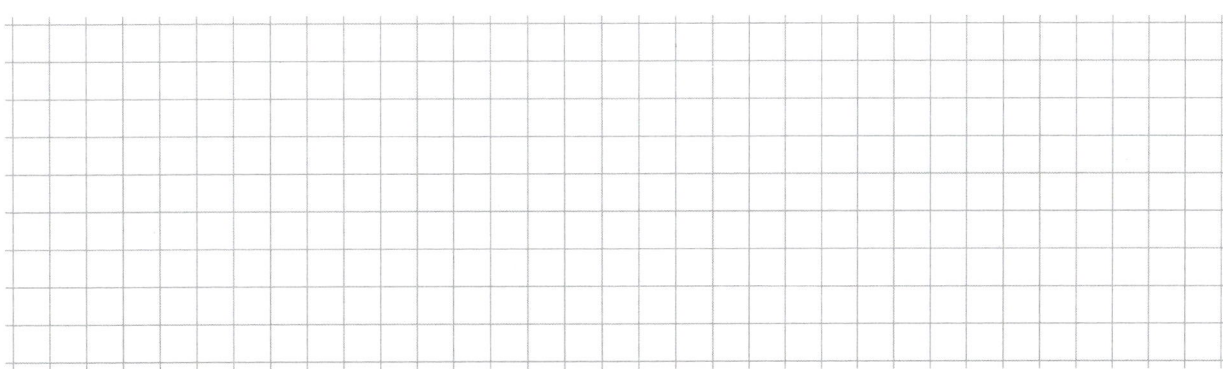

1 a) Man kann Klammern setzen: (6 + 7) + 2 = 13 + 2 = 15   und 6 + (7 + 2) = 6 + 9 = 15
   b) Man kann keine Klammern setzen: (11 − 5) − 4 = 6 − 4 = 2   aber 11 − (5 − 4) = 11 − 1 = 10
   c) Man kann Klammern setzen: (23 + 16) + 15 = 39 + 15 = 54   und 23 + (16 + 15) = 23 + 31 = 54
   d) Man kann keine Klammern setzen: (46 − 12) − 6 = 34 − 6 = 28 aber 46 − (12 − 6) = 46 − 6 = 40

2 a) 48 + (3 + 7) = 48 + 10 = 58   b) (24 + 16) + 39 = 40 + 39 = 79   c) (26 + 34) + 65 = 60 + 65 = 125

Schriftlich addieren mit Übertrag (2 Seiten)

153 + 72

① Schreibe die Zahlen stellengerecht untereinander.

Lasse immer eine Zeile für den Übertrag frei.

② Beginne bei den Einern.
Addiere:

$$3E + 2E = 5E$$

③ Addiere die Zehner:

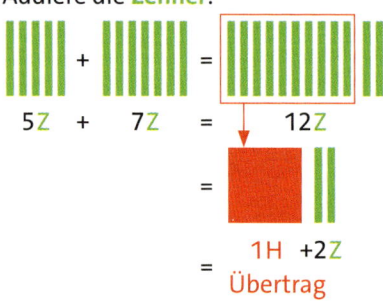

$$5Z + 7Z = 12Z$$

$$= 1H + 2Z$$
Übertrag

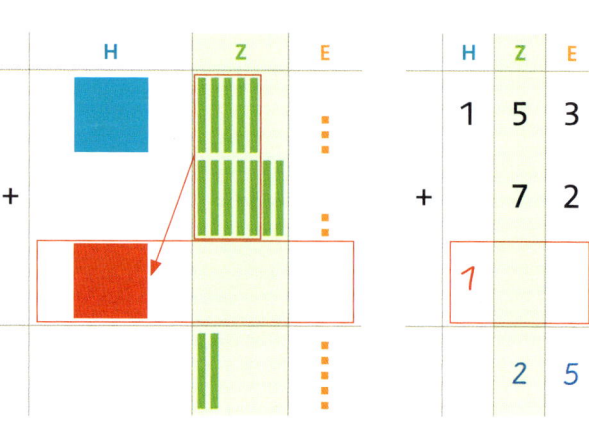

④ Addiere die Hunderter:

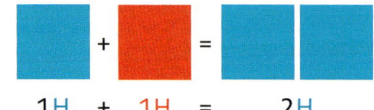

$$1H + 1H = 2H$$

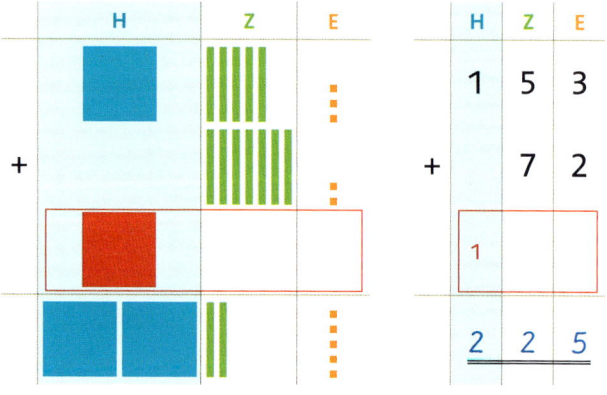

1 Schreibe als Addition und berechne.

a)
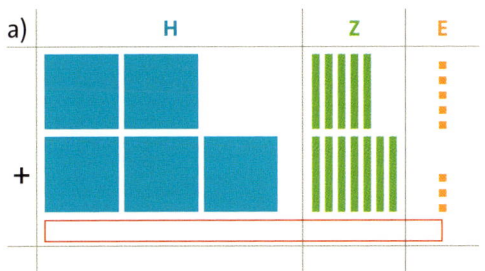

b)
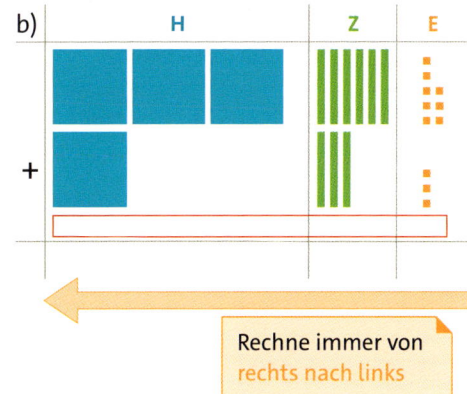

Rechne immer von rechts nach links

2 Schreibe untereinander und berechne. Achte auf den Übertrag.
a) 148 + 171   b) 4145 + 2519   c) 3579 + 852

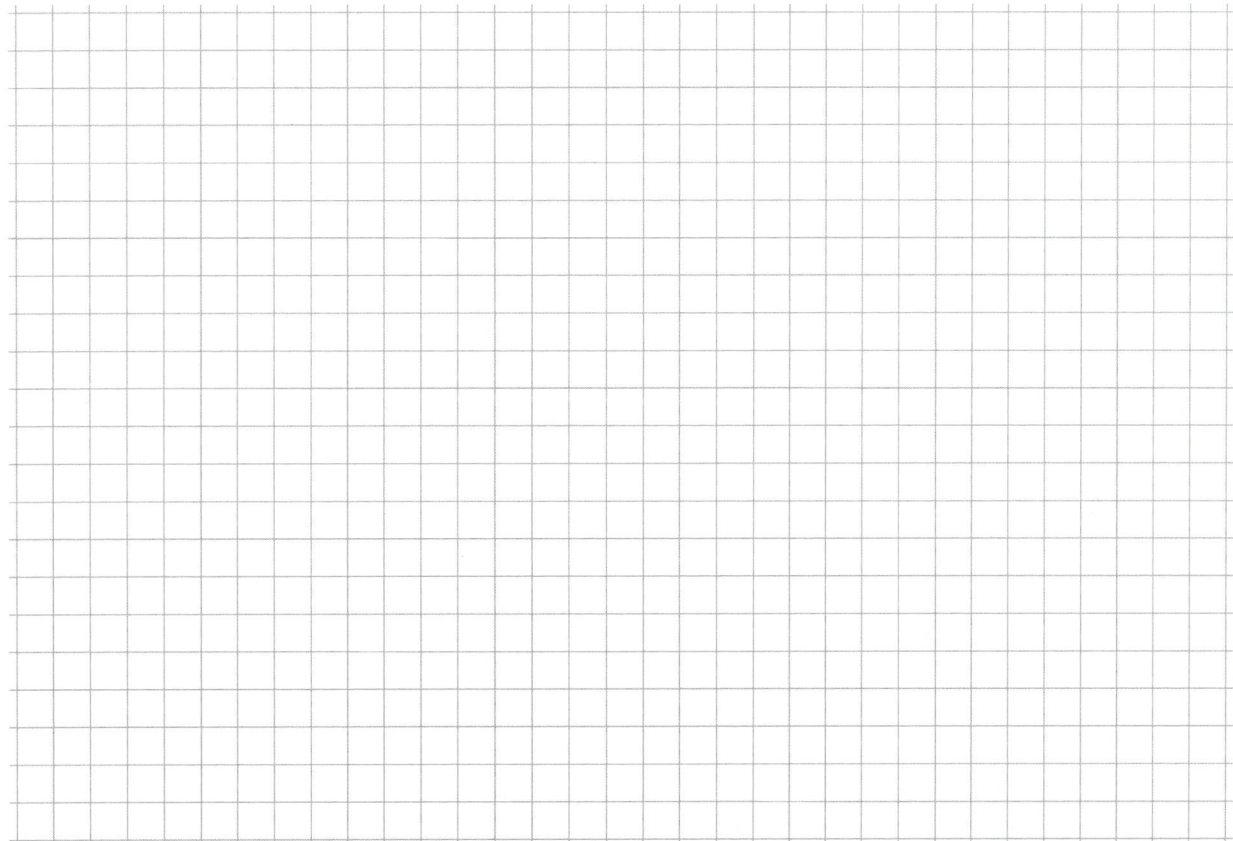

Lösungen

1 a)
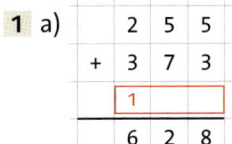

```
    2 5 5
  + 3 7 3
  [1      ]
    6 2 8
```

b)
```
    3 6 8
  + 1 3 3
  [1 1    ]
    5 0 1
```

2 a)
```
    1 4 8
  + 1 7 1
  [1      ]
    3 1 9
```

b)
```
    4 1 4 5
  + 2 5 1 9
  [    1   ]
    6 6 6 4
```

c)

```
    3 5 7 9
  +     8 5 2
  [  1 1 1  ]
    4 4 3 1
```

Mehrere Zahlen addieren

① Schreibe alle Zahlen stellengerecht untereinander.
Lasse immer eine Zeile für den Übertrag frei.

a)
```
      2  3
 +  1 6  4
 +    4  2
 ┌──────────┐
 └──────────┘
         9
```

b)
```
      8  1  9
 +       7  1
 +    1  9  5
 ┌──────────┐
 │       1  │
 └──────────┘
            5
```

② Addiere alle **Einer**.

$2E + 4E + 3E = 9E$

③ Addiere alle **Zehner**.

a)
```
      2  3
 +  1 6  4
 +    4  2
 ┌──────────┐
 │ 1        │
 └──────────┘
      2  9
```

b)
```
      8  1  9
 +       7  1
 +    1  9  5
 ┌──────────┐
 │    1  1  │
 └──────────┘
         8  5
```

$4Z + 6Z + 2Z = 12Z$
$\quad\quad\quad = 1H + 2Z$

④ Addiere alle **Hunderter**.

a)
```
      2  3
 +  1 6  4
 +    4  2
 ┌──────────┐
 │ 1        │
 └──────────┘
    2 2  9
```

b)
```
      8  1  9
 +       7  1
 +    1  9  5
 ┌──────────┐
 │  1  1  1 │
 └──────────┘
    1 0  8  5
```

$1H + 1H = 2H$

Manchmal entsteht
eine neue Stelle.

---

1 Schreibe stellengerecht untereinander und berechne.
a) 124 + 15 + 345   b) 523 + 456 + 789   c) 1140 + 51 + 222   d) 115 + 212 + 41 + 361

Lösungen

1 a)
```
      1  2  4
 +       1  5
 +    3  4  5
 ┌──────────┐
 │       1  │
 └──────────┘
      4  8  4
```

b)
```
      5  2  3
 +    4  5  6
 +    7  8  9
 ┌──────────┐
 │    1  1  1│
 └──────────┘
    1 7  6  8
```

c)
```
    1 1  4  0
 +       5  1
 +    2  2  2
 ┌──────────┐
 │       1  │
 └──────────┘
    1 4  1  3
```

d)
```
      1  1  5
 +    2  1  2
 +       4  1
 +    3  6  1
 ┌──────────┐
 │       1  │
 └──────────┘
      7  2  9
```

Schriftlich subtrahieren mit Übertrag – Ergänzungsverfahren (2 Seiten)

257 – 193

① Schreibe die Zahlen stellengerecht untereinander.

Lasse immer eine Zeile für den Übertrag frei.

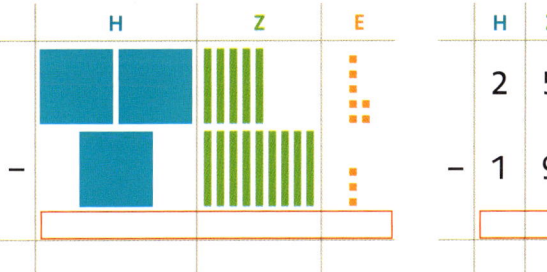

② Beginne bei den Einern.
Ergänze:

von 3 bis 7 sind 4

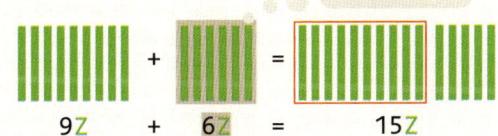

$3E + 4E = 7E$

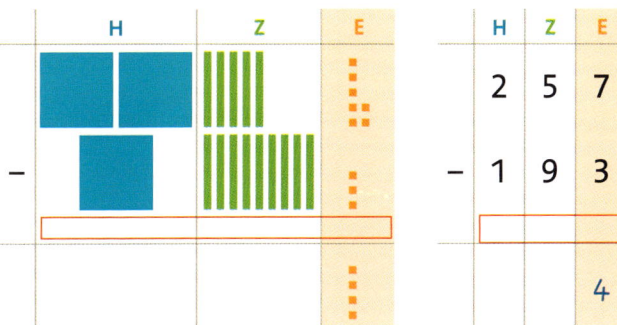

③ Ergänze die Zehner:

von 9 bis 5 geht nicht

$9Z + \quad ? \quad = 5Z$
Nimm 10Z hinzu.

von 9 bis 15 sind 6

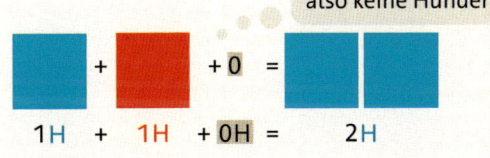

$9Z + 6Z = 15Z$

Schreibe 1H als Übertrag.

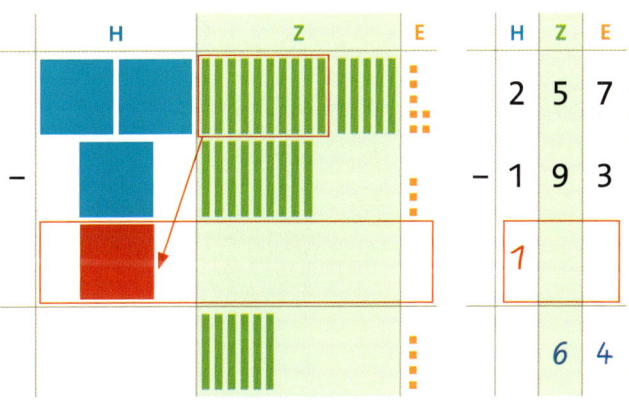

④ Ergänze die Hunderter:

von 2 bis 2 ist 0, also keine Hunderter

$1H + 1H + 0H = 2H$

0 Hunderter

1 Schreibe als Subtraktion und berechne. Achte auf den Übertrag.

a)
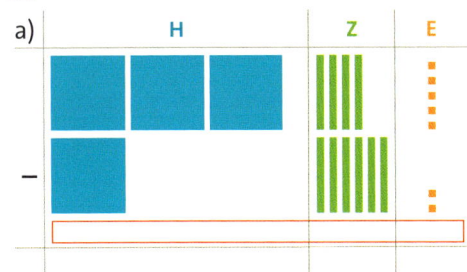

b)
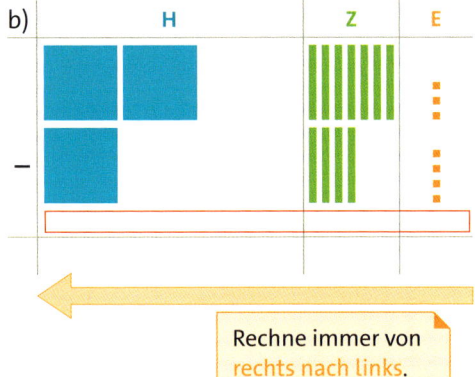

Rechne immer von
rechts nach links.

2 Schreibe untereinander und berechne. Achte auf den Übertrag.
a) 564 – 246   b) 456 – 372   c) 7847 – 568

Lösungen

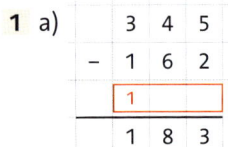

1 a)
```
    3 4 5
  – 1 6 2
  [1    ]
    1 8 3
```
b)
```
    2 7 3
  – 1 4 4
  [    1]
    1 2 9
```

2 a)
```
    5 6 4
  – 2 4 6
  [   1 ]
    3 1 8
```
b)
```
    4 5 6
  – 3 7 2
  [1   ]
      8 4
```
c)
```
    7 8 4 7
  –   5 6 8
  [    1 1]
    7 2 7 9
```

Schriftlich subtrahieren mit Übertrag – Abziehverfahren (2 Seiten)

257 – 193

① Schreibe die Zahlen stellengerecht untereinander.

Lasse **oben** immer eine Zeile frei.

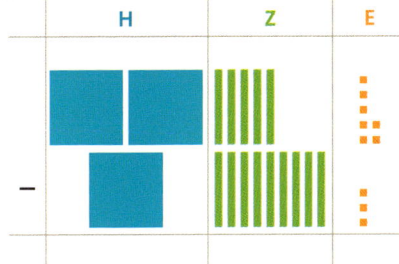

	H	Z	E
	2	5	7
–	1	9	3

② Beginne bei den **Einern**.
Subtrahiere:

7E – 3E + 4E

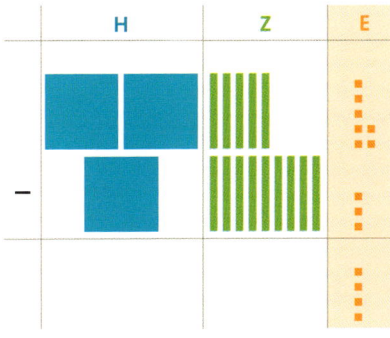
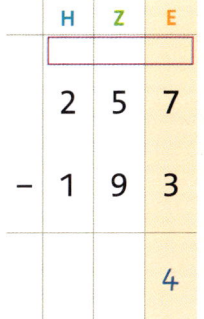

	H	Z	E
	2	5	7
–	1	9	3
			4

③ Subtrahiere die **Zehner**:
5Z – 9Z = ?   5 – 9 geht nicht.

Tausche 1H um in 10Z. Jetzt hast du 15Z.

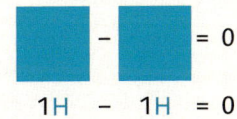

15Z – 9Z = 6Z
Nimm 1H dafür weg.

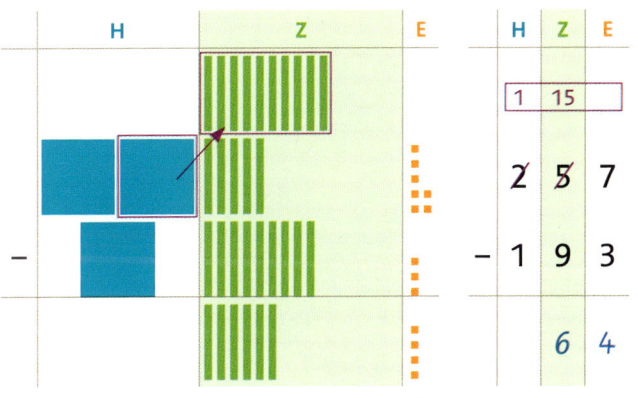

	H	Z	E
	1	15	
	2̷	5̷	7
–	1	9	3
		6	4

④ Subtrahiere die **Hunderter**:

1H – 1H = 0

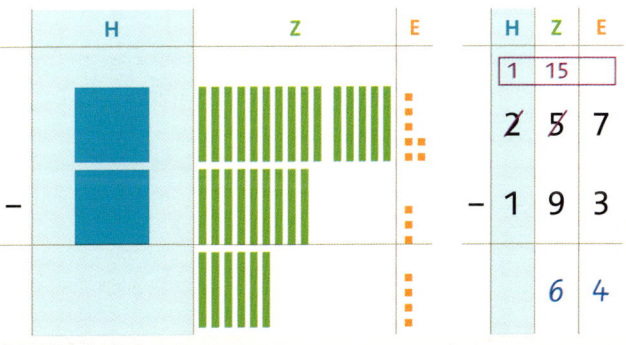

	H	Z	E
	1	15	
	2̷	5̷	7
–	1	9	3
		6	4

1 Schreibe als Subtraktion und berechne. Achte auf den Übertrag.

a)
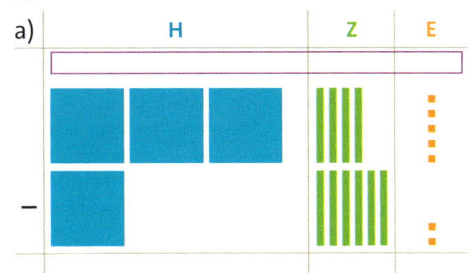

b)
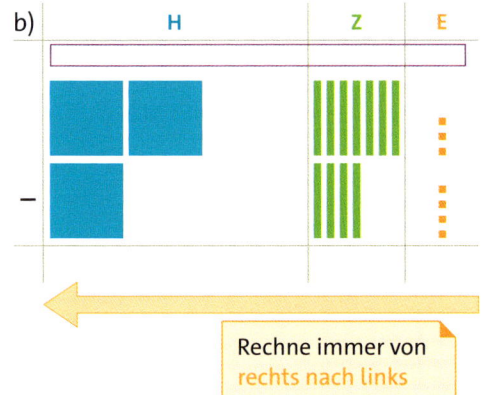

> Rechne immer von rechts nach links

2 Schreibe untereinander und berechne. Achte auf den Übertrag.

a) 564 – 246   b) 456 – 372   c) 7847 – 568

Lösungen

1 a)

	2	14
	$\cancel{3}$	$\cancel{4}$ 5
– 1	6	2
1	8	3

b)

	6	13
2	$\cancel{7}$	$\cancel{3}$
– 1	4	4
1	2	9

2 a)

	5	14
5	$\cancel{6}$	$\cancel{4}$
– 2	4	6
3	1	8

b)

	3	15
$\cancel{4}$	$\cancel{5}$	6
– 3	7	2
	8	4

c)

		13	
		7	$\cancel{3}$ 17
7	$\cancel{8}$	$\cancel{4}$	$\cancel{7}$
–		5	6 8
7	2	7	9

Mehrere Zahlen subtrahieren

① Schreibe alle Zahlen stellengerecht untereinander.

Lasse immer eine Zeile für den **Übertrag** frei.

a)

	6	4	7
−		9	2
−	3	2	1
			4

b)

		4	3	2
−		3	6	8
−			5	2
			1	
				2

② Beginne bei den **Einern**.
Addiere die unteren und ergänze bis zum obersten.

1E + 2E = 3E
3E + 4E = 7E

③ **Zehner:**
Addiere die unteren und ergänze bis zum obersten.

2Z + 9Z = 11Z
Von 11 bis 4 geht nicht.
Übertrage 1.
11Z + 3Z = 14Z

a)

	6	4	7
−		9	2
−	3	2	1
	1		
		3	4

b)

		4	3	2
−		3	6	8
−			5	2
			1	1
			1	2

④ **Hunderter:**
Addiere die unteren und ergänze bis zum obersten.

1H +3H = 4H
4H+ 2H = 6H

a)

	6	4	7
−		9	2
−	3	2	1
	1		
	2	3	4

b)

		4	3	2
−		3	6	8
−			5	2
			1	1
			1	2

0 Hunderter

---

1 Schreibe stellengerecht untereinander und berechne.

a) 879 − 245 − 113   b) 607 − 56 − 489   c) 8735 − 81 − 6534   d) 2584 − 582 − 188 − 419

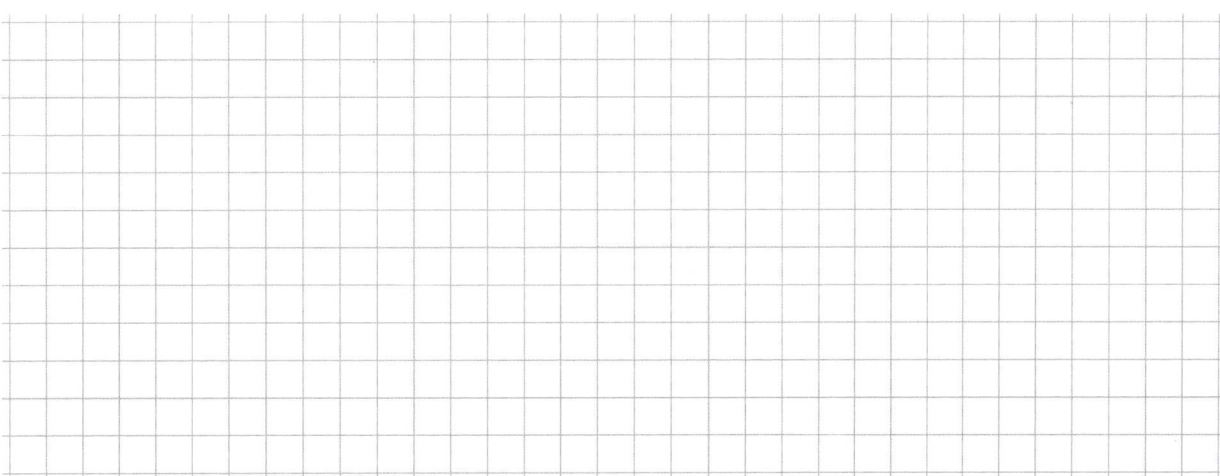

Lösungen

1 a)

	8	7	9
−	2	4	5
−	1	1	3
	5	2	1

b)

	6	0	7
−		5	6
−	4	8	9
	2	1	
		6	2

c)

	8	7	3	5
−			8	1
−	6	5	3	4
			1	
	2	1	2	0

d)

	2	5	8	4
−		5	8	2
−		1	8	8
−		4	1	9
	1	2	2	
	1	3	9	5

Teste dich!

1 Gib die Koordinaten der Punkte an.

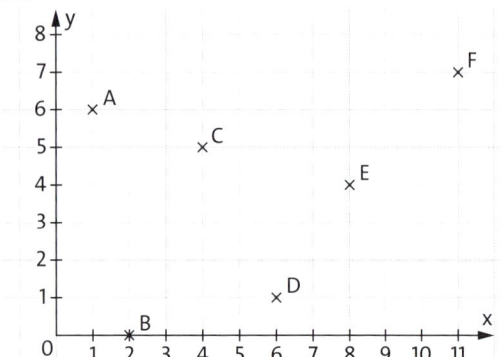

2 Zeichne ein Koordinatensystem.
Trage die Punkte ein.
A(4|3) B(2|7) C(3|4) D(7|2)

3 Achsensymmetrie

a) Sind die Schilder achsensymmetrisch?
b) Wie viele Symmetrieachsen haben
   die Schilder?

4 Zeichne zwei parallele Geraden a
und b im Abstand von 2 cm.
Zeichne eine weitere Gerade c,
die von a einen Abstand von 4 cm hat.
Welchen Abstand hat dann c zu b?
Begründe.

5 Übertrage das Dreieck ins Heft.
Zeichne den Abstand von Punkt A und
der gegenüberliegenden Seite ein.
Miss die Länge.

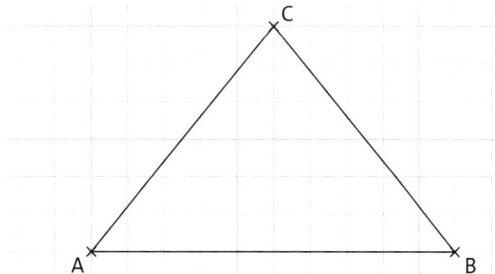

1 Gib die Koordinaten der Punkte an.

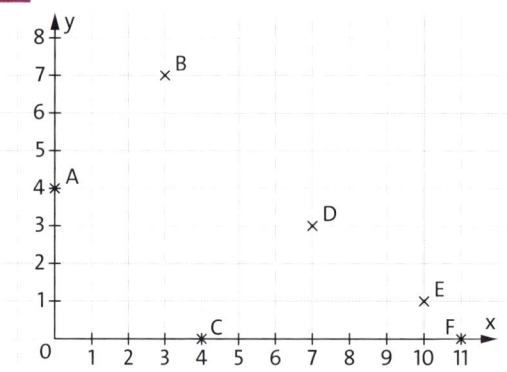

2 Zeichne ein Koordinatensystem.
Trage die Punkte ein.
A(30|50) B(0|40) C(20|60) D(40|10)

3 Achsensymmetrie

 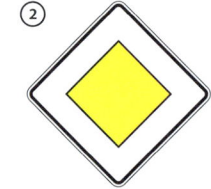

a) Sind die Schilder achsensymmetrisch?
b) Wie viele Symmetrieachsen haben
   die Schilder?

4 Zeichne zu einer Geraden g drei
parallele Geraden mit dem Abstand
von je 2 cm.
Welchen Abstand haben die äußeren
Geraden, wenn man zehn Geraden
zeichnet? Begründe.

5 Übertrage das Dreieck ins Heft.
Zeichne von jedem Eckpunkt den Abstand
zur gegenüberliegenden Seite.

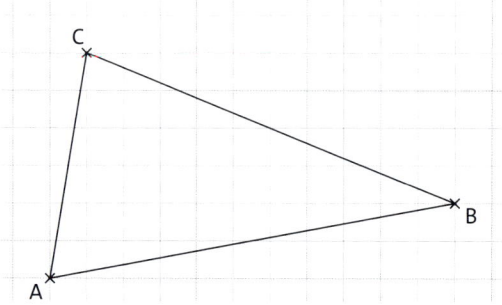

Checkliste

Nr.	mathematische Fähigkeit (Kompetenz)	☺	☺	☹	Hast du etwas falsch gemacht? Wo lag dein Fehler?	Hier kannst du dich verbessern.
1	Ich kann Punkte aus einem Koordinatensystem ablesen.					S. 37
2	Ich kann ein Koordinatensystem zeichnen und Punkte eintragen.					S. 38–40
3	Ich kann Symmetrieachsen erkennen.					S. 41
4	Ich kann parallele Geraden mit einem Abstand zeichnen.					S. 34 S. 36
5	Ich kann Figuren übertragen und einen Abstand zeichnen.					S. 35–36

Senkrechte Linien zeichnen

① Zeichne eine gerade Linie.

② Zeichne die zweite Linie senkrecht dazu, also 90°.

③ Beschrifte mit ∟.

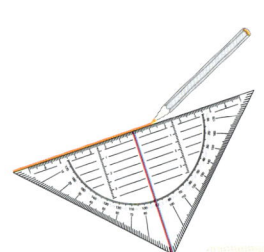
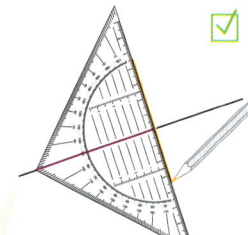
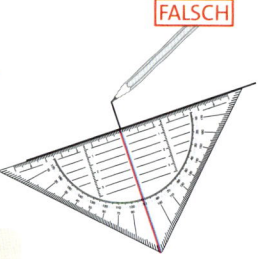
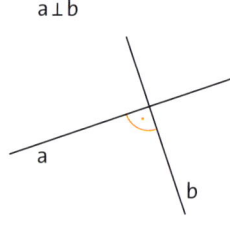

a⊥b

Die erste Linie muss genau auf der lila Hilfslinie am Geodreieck liegen.

1 Zeichne drei senkrechte Linien zu dieser Linie.

Tipp Alle drei Linien müssen dieselbe Richtung haben.

a)

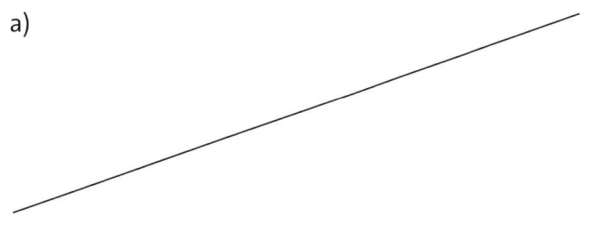

b)

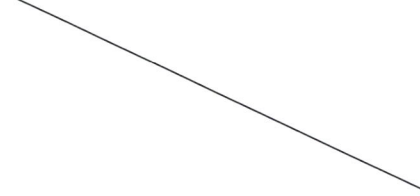

2 Zeichne jeweils eine senkrechte Linie durch die Punkte.

×R

×Q

×P

Lösungen

Das sind verkleinerte Abbildungen.

1 zum Beispiel

a)

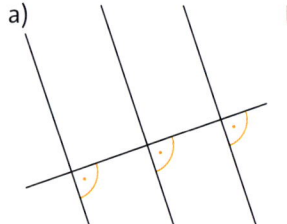

b)

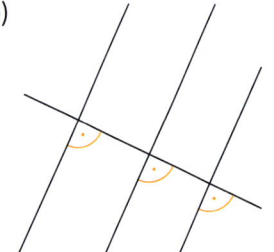

2

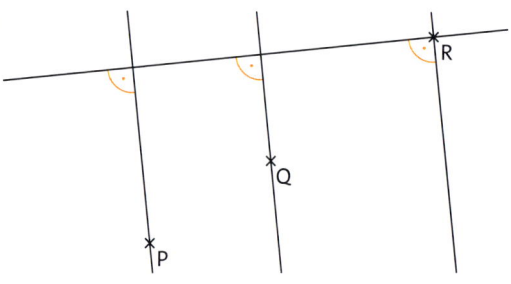

Parallele Linien prüfen

Prüfe mit dem **Geodreieck**.

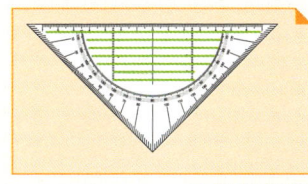

a ist **parallel zu** b. ➔ a ∥ b

Die Linien sind **parallel zueinander**:

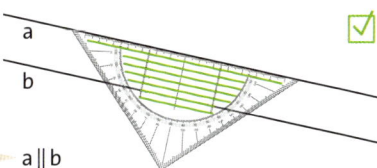

Die Linien sind **nicht** parallel zueinander:

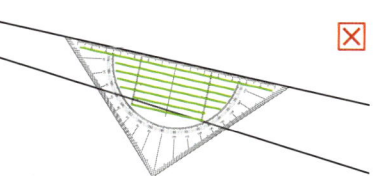

1 Welche Linien sind parallel zueinander?

a)

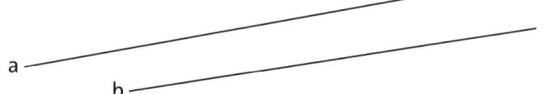

b)

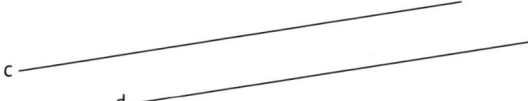

2 Finde zueinander parallele Geraden.
Schreibe ∥ .

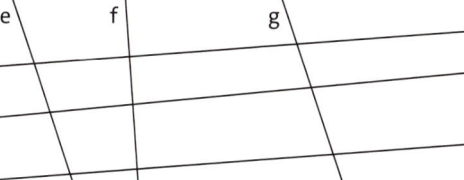

Lösungen

1 a) a und b sind nicht parallel zueinander.
  b) c ∥ d   c ist parallel zu d.

2 a ∥ c   d ∥ f   e ∥ g

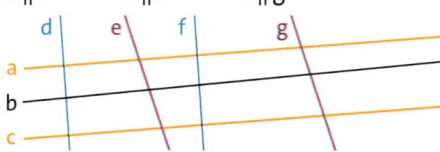

Parallele Linien zeichnen

① Zeichne eine gerade Linie.　② Zeichne die zweite Linie parallel dazu.　③ Beschrifte mit ∥.

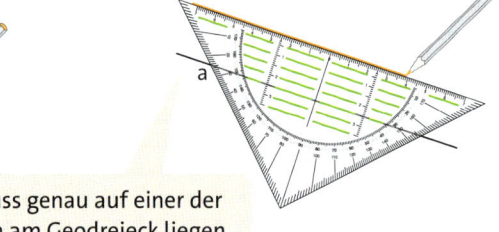
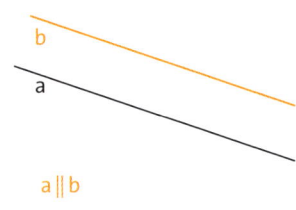

Die erste Linie muss genau auf einer der grünen Hilfslinien am Geodreieck liegen.

1　Zeichne zwei parallele Linien.

2　Zeichne jeweils eine parallele Linie durch die Punkte P, Q und R.

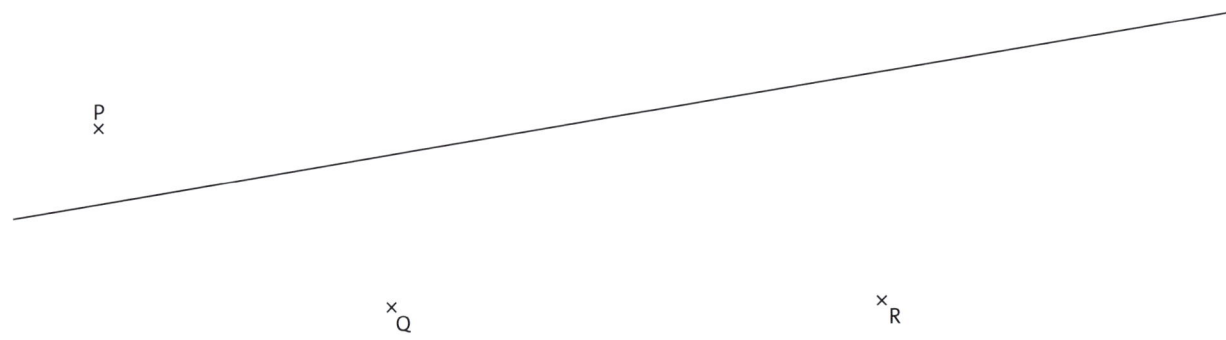

Lösungen

1　zum Beispiel

2

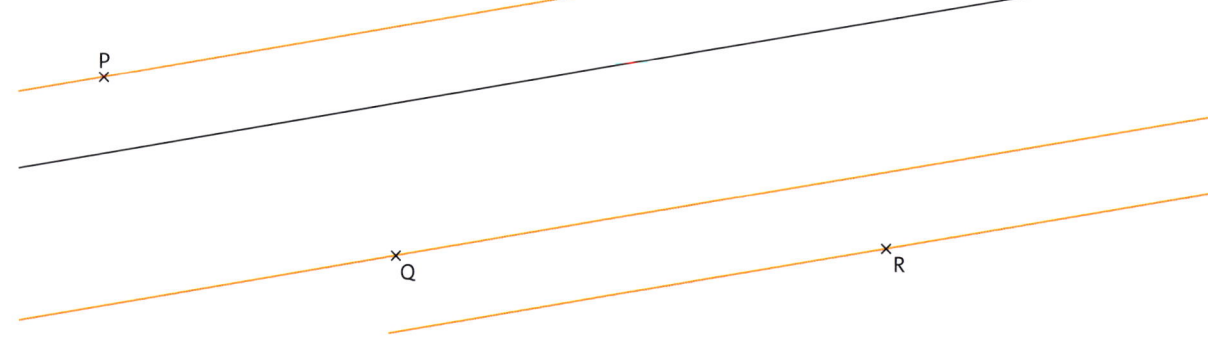

Abstand eines Punktes zu einer Geraden messen

Die Gerade muss genau auf der lila Hilfslinie am Geodreieck liegen ...

✓

FALSCH

a

×P

a

5 cm

×P

... und der Punkt an der Kante.

a

×P

1 Miss den Abstand der Punkte zur Geraden g.

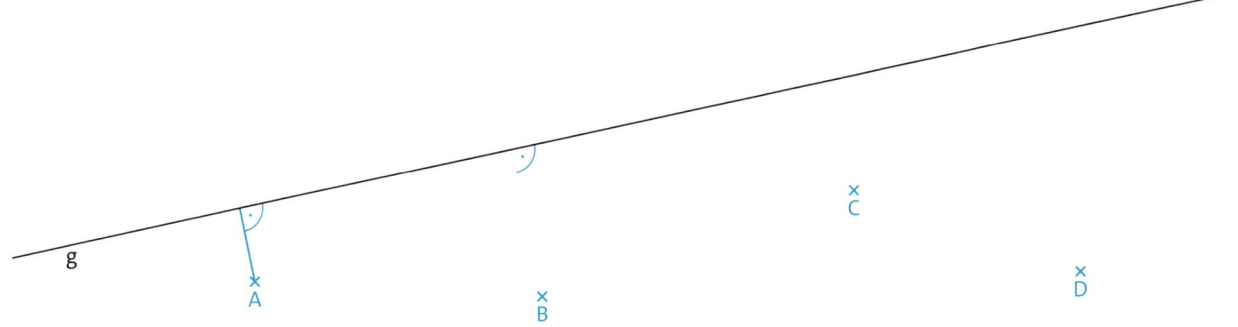

g

×
A

×
B

×
C

×
D

2 Beantworte die Fragen.
a) Welcher Punkt hat den kleinsten Abstand zur Geraden?
b) Welcher Punkt hat den Abstand 2,8 cm zur Geraden?
c) Welche beiden Punkte haben den gleichen Abstand zur Geraden?

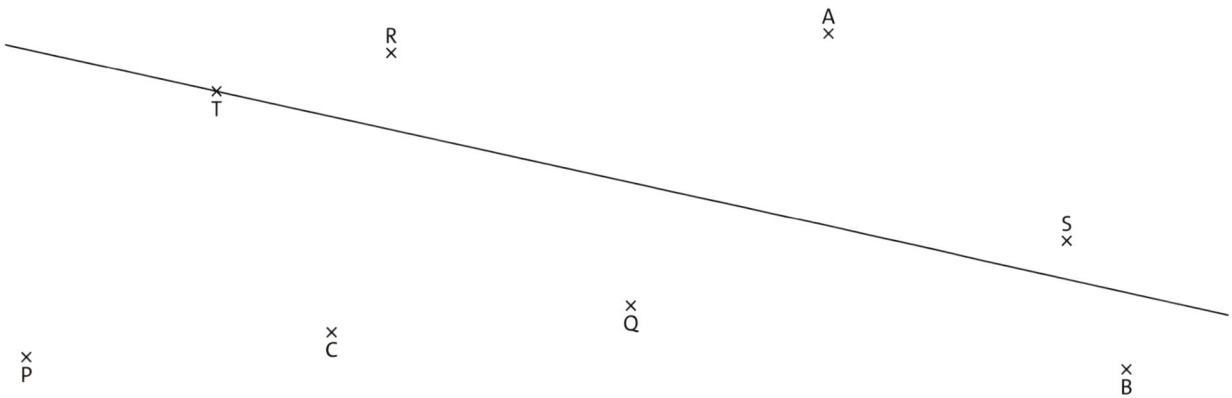

R
×

A
×

×
T

S
×

×
Q

×
C

×
P

×
B

Lösungen

1 Abstand zu A: 1 cm   Abstand zu B: 2 cm   Abstand zu C: 1,5 cm   Abstand zu D: 3,2 cm

2 a) T, Abstand: 0 cm   b) C   c) R und B

Abstand von zwei parallelen Linien messen

Geodreieck anlegen und messen: Es gibt 2 Möglichkeiten.

Die Gerade muss genau auf der lila Hilfslinie am Geodreieck liegen.

Wenn du im Heft arbeitest, kannst du auch die blaue Linie einzeichnen.

3 cm

oder

1 Miss die Abstände zwischen den parallelen Geraden.

Tipp Zeichne eine parallele Hilfslinie ein, falls der Abstand zu groß ist für das Geodreieck.

a) g und h   b) g und i   c) g und j   d) g und k

h

g

i

j

k

2 Zeichne eine parallele Linie
zur Geraden.
a) mit 1 cm Abstand
b) mit 3 cm Abstand

Tipp Nutze die Skala
an den parallelen Hilfslinien.

Lösungen

1 a) 4 cm   b) 6 cm   c) 7,5 cm   d) 11,3 cm

2 Das ist eine verkleinerte Abbildung.
Zum Beispiel

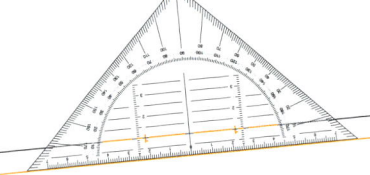
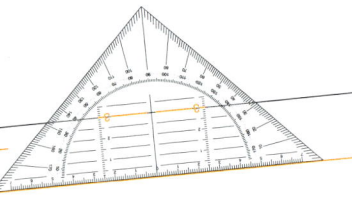

Punkte im Koordinatensystem ablesen

Lies die Koordinaten des Punkts P ab.

P(x|y) Wie im Alphabet: erst x, dann y.

Das **Y** hat einen Strich nach oben. Also geht die y-Achse nach oben.

① Zuerst den x-Wert ablesen, …

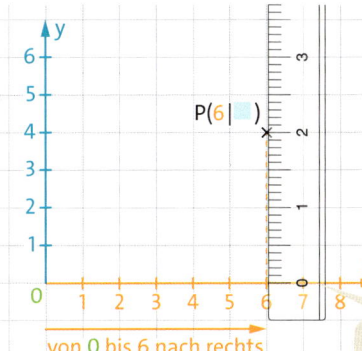

von 0 bis 6 nach rechts

Nimm ein Lineal, damit du nicht verrutschst.

② … dann den y-Wert.

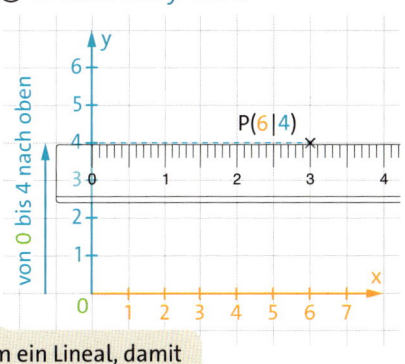

1 Lies die Koordinaten der Punkte ab.

a)
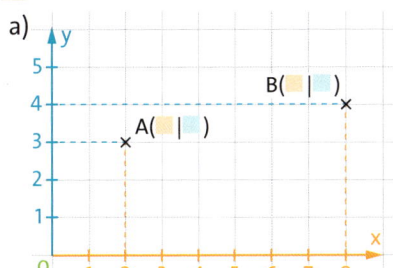

b)
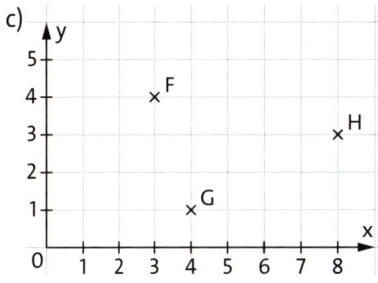

c)
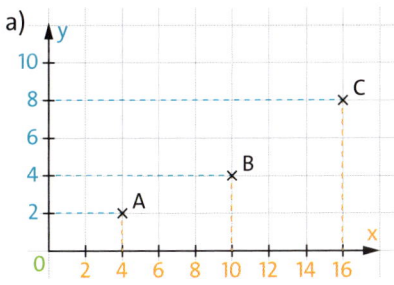

2 Manchmal sind die Achsen in größere Schritte eingeteilt. Lies die Koordinaten der Punkte ab.

a)
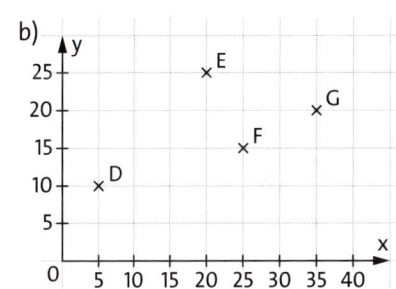

b)
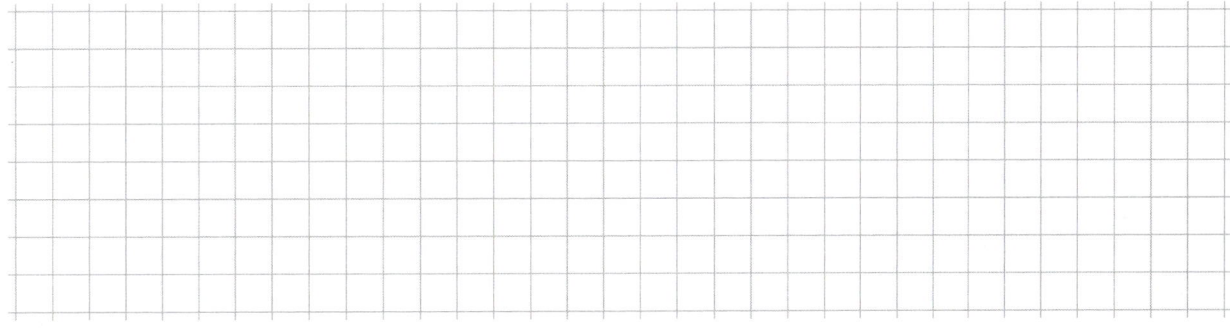

Lösungen

1 a) A(2|3); B(8|4) b) C(3|2); D(4|3); E(7|5) c) F(3|4); G(4|1); H(8|3)

2 a) A(4|2); B(10|4); C(16|8) b) D(5|10); E(20|25); F(25|15); G(35|20)

Punkte im Koordinatensystem eintragen

Trage den Punkt P (7|4)
im Koordinatensystem ein.

P(x|y) Wie im Alphabet:
erst x, dann y.

① Zuerst den x-Wert abtragen, … ② … dann den y-Wert. ③ Punkt markieren und beschriften

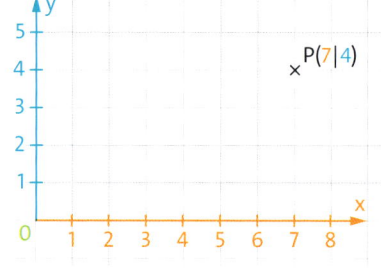

1 Trage die Punkte im Koordinatensystem ein und
beschrifte sie.
A (3|4) B (5|4)
C (1|3) D (2|6)
E (4|0) F (0|2)

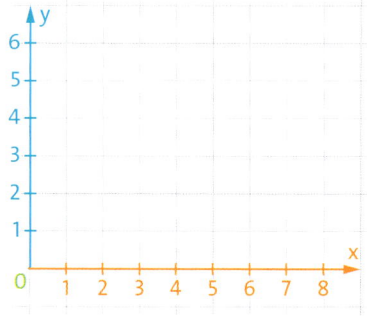

Lösungen

1

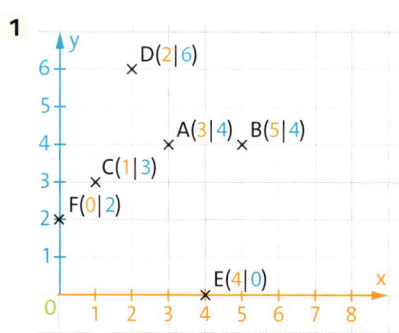

Koordinatensystem zeichnen (2 Seiten)

Zeichne ein Koordinatensystem. Trage die Punkte A (8|1) und B (2|3) im Koordinatensystem ein.

① Wie viel Platz brauchst du?
  Was ist der größte x-Wert?
  Was ist der größte y-Wert?

> P(x|y) Wie im Alphabet:
> erst x, dann y.

② Achsen zeichnen

> Die x-Achse nach rechts,
> die y-Achse nach oben.

Die Achsen sind senkrecht zueinander. Das Kästchenpapier hilft dir dabei.

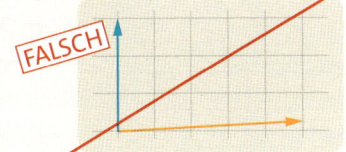

③ Achsen gleichmäßig einteilen

④ Achsen beschriften
  – Zahlen an den Achsen
  – Pfeilspitzen
  – Achsenbeschriftung x und y

> Die x-Achse nach rechts,
> die y-Achse nach oben.

Vergiss die Null nicht.

① Der größte x-Wert ist 8, also x-Achse mindestens 8 cm lang.
  Der größte y-Wert ist 3, also y-Achse mindestens 3 cm lang.

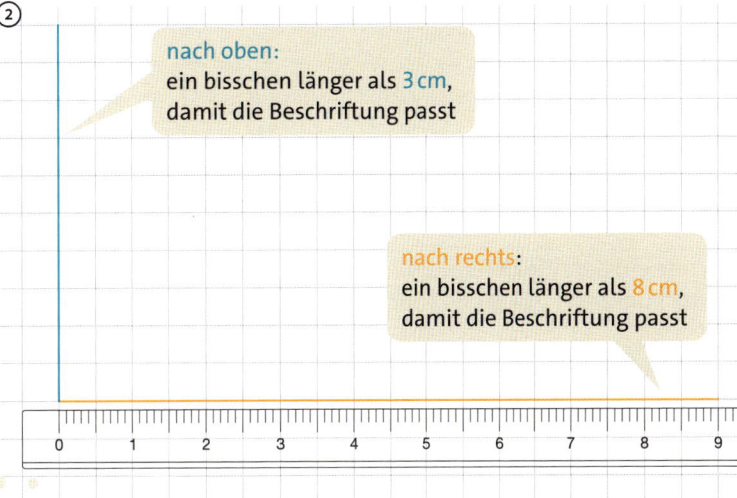

nach oben:
ein bisschen länger als 3 cm,
damit die Beschriftung passt

nach rechts:
ein bisschen länger als 8 cm,
damit die Beschriftung passt

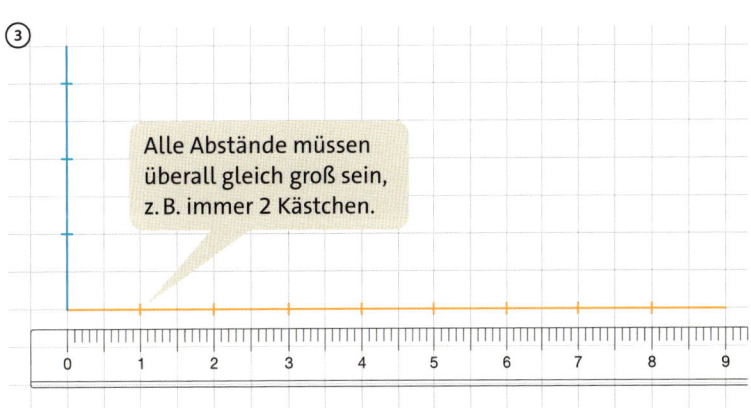

Alle Abstände müssen überall gleich groß sein, z. B. immer 2 Kästchen.

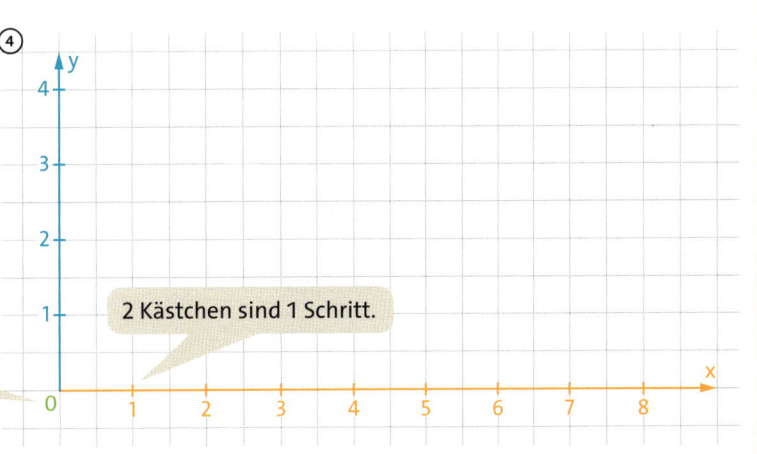

2 Kästchen sind 1 Schritt.

⑤ Punkte eintragen und beschriften

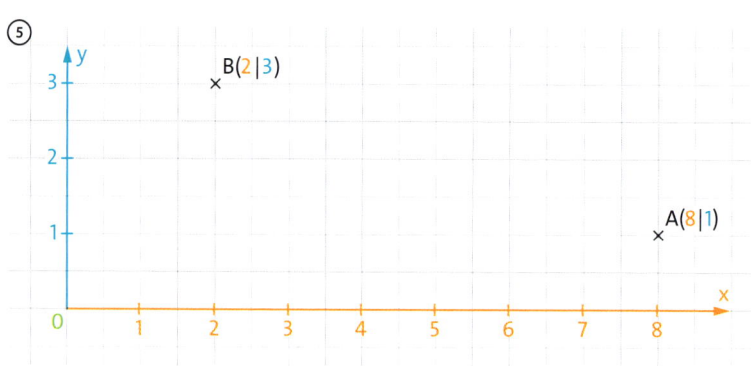

1 Zeichne ein Koordinatensystem. Die x-Achse geht bis 12 und die y-Achse bis 7.
Trage die Punkte A (5|6), B (3|1) und C (11|4) im Koordinatensystem ein.

2 Zeichne ein Koordinatensystem ins Heft.
Trage die Punkte A (9|3), B (4|7) und C (1|3) im Koordinatensystem ein.

Lösungen

Das sind verkleinerte Abbildungen.

Achsensymmetrie prüfen

① Welche Punkte gehören zusammen? **A und A'** **B und B'** ...

Sind die Figuren achsensymmetrisch?

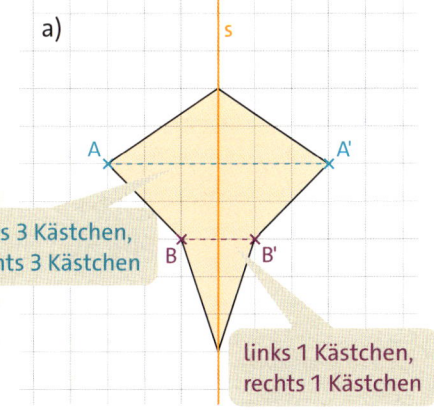

a)

b)

links 3 Kästchen, rechts 3 Kästchen

links 1 Kästchen, rechts 1 Kästchen

links 2 Kästchen, rechts 2 Kästchen

links 4 Kästchen, aber rechts 5 Kästchen

② Haben die Punkte denselben Abstand zur **Spiegelachse s**? Zähle die Kästchen.

③ Die Figur ist achsensymmetrisch, wenn alle Punkte jeweils denselben Abstand haben.

A hat denselben Abstand zu s wie A'.
B hat denselben Abstand zu s wie B'.

Deswegen ist die Figur **achsensymmetrisch**.

A hat denselben Abstand zu s wie A'.
B hat **nicht** denselben Abstand zu s wie B'.

Deswegen ist die Figur **nicht** achsensymmetrisch. ☒

---

1 Sind die Figuren achsensymmetrisch?
Tipp Bei a) musst du 1 Punkt prüfen, bei b) 3 Punkte und bei c) 1 Punkt.

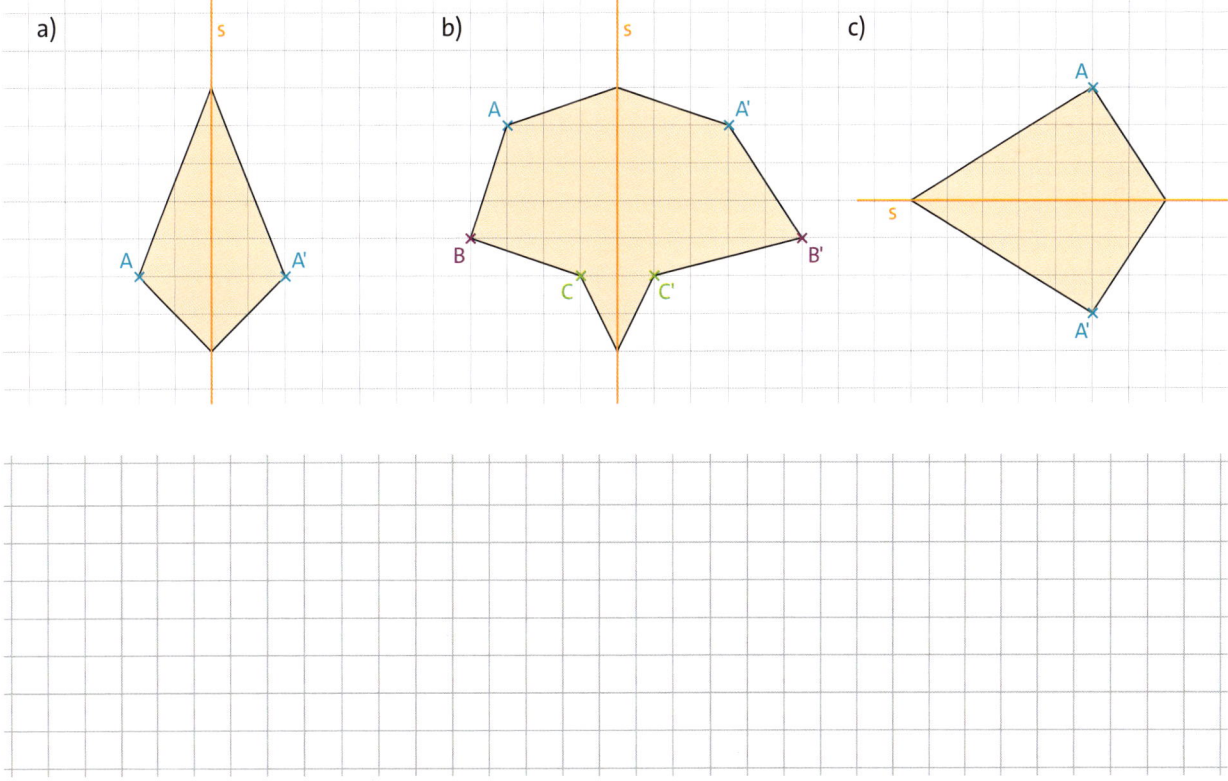

a)

b)

c)

Lösungen

1 a) achsensymmetrisch
b) nicht achsensymmetrisch
c) achsensymmetrisch

Teste dich!

1 Berechne im Kopf oder halbschriftlich.
a) 36 · 4   b) 5 · 29   c) 96 : 8   d) 171 : 9

2 Berechne.
Achte auf die Vorrangregeln.
a) (47 − 36) · 8
b) 78 − 64 : 8
c) 7 + 9 · 4 − 5
d) (14 − 12 : 3) · 13

2 Berechne.
Beschreibe dein Vorgehen.
a) 32 − (7 + 8) : 3
b) 47 + 72 : 8
c) 130 − 6 · 5 + 48
d) (104 + 36 : 6) · 10

3 Rechne vorteilhaft.
a) 5 · 17 · 2
b) 4 · 15 · 25
c) 131 · 8 · 125
d) 50 · 20 · 708

3 Rechne vorteilhaft.
a) 5 · 17 · 40
b) 4 · 804 · 125
c) 2 · 125 · 46 · 4
d) 4 · (20 + 7)

4 Multipliziere schriftlich.
Prüfe dein Ergebnis durch einen
Überschlag.
a) 498 · 651   b) 504 · 607
c) 360 · 740   d) 5243 · 85

4 Multipliziere schriftlich.
Prüfe dein Ergebnis durch einen
Überschlag.
a) 8658 · 364   b) 708 · 506
c) 941 · 620   d) 54 · 2668

5 Dividiere schriftlich.
Prüfe dein Ergebnis mit der
Umkehraufgabe.
a) 4911 : 3   b) 6280 : 5
c) 5744 : 8   d) 8646 : 11

5 Dividiere schriftlich.
Prüfe dein Ergebnis mit der
Umkehraufgabe.
a) 3195 : 9   b) 14001 : 5
c) 2968 : 14   d) 54028 : 13

6 Übertrage und
ergänze im Heft.

a)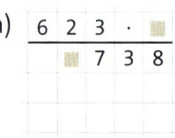

b)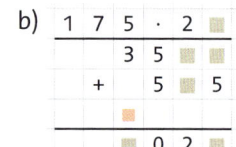

c)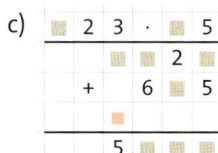

Checkliste

Nr.	mathematische Fähigkeit (Kompetenz)	☺	😐	☹	Hast du etwas falsch gemacht? Wo lag dein Fehler?	Hier kannst du dich verbessern.
1	Ich kann im Kopf multiplizieren und dividieren.					S. 44–48
2	Ich kann mit Vorrangregeln multiplizieren und dividieren.					S. 49
3	Ich kann mit Rechengesetzen vorteilhaft multiplizieren und dividieren.					S. 50–51
4	Ich kann schriftlich multiplizieren und das Ergebnis mit einem Überschlag prüfen.					S. 52–53
5	Ich kann schriftlich dividieren und das Ergebnis mit einer Umkehraufgabe prüfen.					S. 54–56
6	Ich kann Lückenaufgaben zur schriftlichen Multiplikation lösen.					S. 52–53

Multiplizieren und dividieren

$3 \cdot 5 = 15$

3 **mal** 5 gleich 15

Multiplizieren bedeutet:
mal rechnen, malnehmen,
vervielfachen, …

Es sind 3 Teller. Auf jedem Teller liegen 5 Äpfel.

Auf jedem Teller liegen gleich viele Äpfel.

Insgesamt sind es
15 Äpfel.

$12 : 3 = 4$

12 **geteilt durch** 3 gleich 4

Dividieren bedeutet:
geteilt rechnen,
gerecht verteilen,
gleichmäßig aufteilen, …

12 Äpfel werden **gerecht** auf 3 Netze verteilt.

In jedes Netz sollen gleich viele Äpfel.

In jedem Netz sind
4 Äpfel.

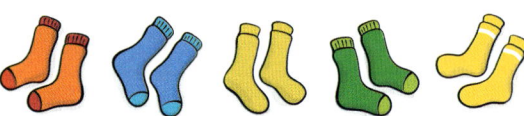 

1 Multiplizieren oder dividieren? Schreibe die Rechnung auf.

a) 4 Anhänger mit jeweils 3 Schlüsseln

b) 8 Muffins werden auf 2 Teller verteilt.

c) 5 Paar Socken

d) 6 Kinder teilen sich den Kuchen.

Lösungen

1 a) $4 \cdot 3 = 12$ b) $8 : 2 = 4$ c) $5 \cdot 2 = 10$ d) $12 : 6 = 2$

Im Kopf multiplizieren: das kleine Einmaleins (1×1)

Das kleine 1×1 solltest du auswendig kennen.

·	1	2	3	4	5	6	7	8	9	10
1	1	2	3	4	5	6	7	8	9	10
2	2	4	6	...						
3	3	6	...							
4	4									
5	5									
6	6									
7	7									
8	8									
9	9									
10	10									

1 Ergänze die 1×1-Tabelle.

2 Sage die 3er-Reihe, die 6er-Reihe und die 8er-Reihe so schnell wie möglich auf.

Lösungen

1

·	1	2	3	4	5	6	7	8	9	10
1	1	2	3	4	5	6	7	8	9	10
2	2	4	6	8	10	12	14	16	18	20
3	3	6	9	12	15	18	21	24	27	30
4	4	8	12	16	20	24	28	32	36	40
5	5	10	15	20	25	30	35	40	45	50
6	6	12	18	24	30	36	42	48	54	60
7	7	14	21	28	35	42	49	56	63	70
8	8	16	24	32	40	48	56	64	72	80
9	9	18	27	36	45	54	63	72	81	90
10	10	20	30	40	50	60	70	80	90	100

2 **3er-Reihe:** 3; 6; 9; 12; 15; 18; 21; 24; 27; 30   **6er-Reihe:** 6; 12; 18; 24; 30; 36; 42; 48; 54; 60
8er-Reihe: 8; 16; 24; 32; 40; 48; 56; 64; 72; 80

Im Kopf dividieren

10 : 1 = 10	20 : 2 = 10	30 : 3 = 10	40 : 4 = 10	50 : 5 = 10	60 : 6 = 10	70 : 7 = 10	80 : 8 = 10	90 : 9 = 10	100 : 10 = 10
9 : 1 = 9	18 : 2 = 9	27 : 3 = 9	36 : 4 = 9	45 : 5 = 9	54 : 6 = 9	63 : 7 = 9	72 : 8 = 9	81 : 9 = 9	90 : 10 = 9
8 : 1 = 8	16 : 2 = 8	24 : 3 = 8	32 : 4 = 8	40 : 5 = 8	48 : 6 = 8	56 : 7 = 8	63 : 8 = 8	72 : 9 = 8	80 : 10 = 8
7 : 1 = 7	14 : 2 = 7	21 : 3 = 7	28 : 4 = 7	35 : 5 = 7	42 : 6 = 7	49 : 7 = 7	56 : 8 = 7	63 : 9 = 7	70 : 10 = 7
6 : 1 = 6	12 : 2 = 6	18 : 3 = 6	24 : 4 = 6	30 : 5 = 6	36 : 6 = 6	42 : 7 = 6	48 : 8 = 6	54 : 9 = 6	60 : 10 = 6
5 : 1 = 5	10 : 2 = 5	15 : 3 = 5	20 : 4 = 5	25 : 5 = 5	30 : 6 = 5	35 : 7 = 5	40 : 8 = 5	45 : 9 = 5	50 : 10 = 5
4 : 1 = 4	8 : 2 = 4	12 : 3 = 4	16 : 4 = 4	20 : 5 = 4	24 : 6 = 4	28 : 7 = 4	32 : 8 = 4	36 : 9 = 4	40 : 10 = 4
3 : 1 = 3	6 : 2 = 3	9 : 3 = 3	12 : 4 = 3	15 : 5 = 3	18 : 6 = 3	21 : 7 = 3	24 : 8 = 3	27 : 9 = 3	30 : 10 = 3
2 : 1 = 2	4 : 2 = 2	6 : 3 = 2	8 : 4 = 2	10 : 5 = 2	12 : 6 = 2	14 : 7 = 2	16 : 8 = 2	18 : 9 = 2	20 : 10 = 2
1 : 1 = 1	2 : 2 = 1	3 : 3 = 1	4 : 4 = 1	5 : 5 = 1	6 : 6 = 1	7 : 7 = 1	8 : 8 = 1	9 : 9 = 1	10 : 10 = 1

1 Dividiere im Kopf.

a) 32 : 4   b) 18 : 3   c) 50 : 5   d) 63 : 9   e) 72 : 8   f) 56 : 7

Lösungen

1 a) 8   b) 6   c) 10   d) 7   e) 9   f) 8

Rechenmauern mit ·

Beginne in der
Reihe ganz unten.

Rechne immer zwei Steine, die nebeneinander liegen, miteinander mal: ·
Schreibe das Ergebnis in den Stein darüber.

a)
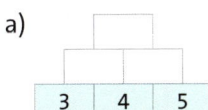

① 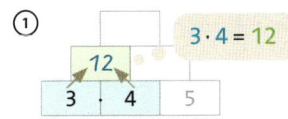 $3 \cdot 4 = 12$

②  $4 \cdot 5 = 20$

③ 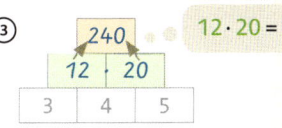 $12 \cdot 20 = 240$

Bei einigen Rechenmauern fehlt die Zahl in einem Stein darunter.

b)
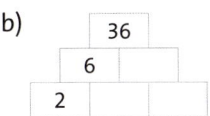

① 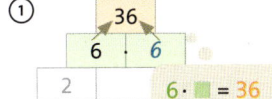 $6 \cdot \blacksquare = 36$

②  $2 \cdot \blacksquare = 6$

③ 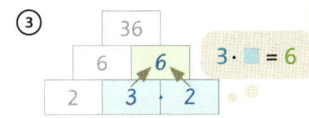 $3 \cdot \blacksquare = 6$

1 Berechne.

a)
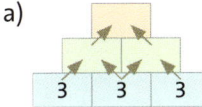

b)
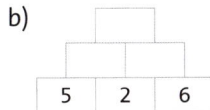

c)
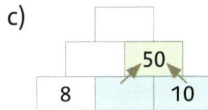

d)
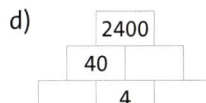

Lösungen

1 a)
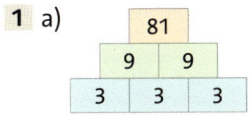

b)
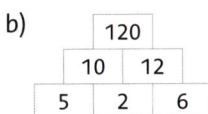

c)
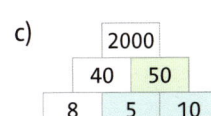

d)
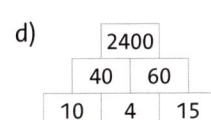

Rechentabellen mit · und :

Schreibe das Ergebnis immer in das Feld, wo sich Zeile und Spalte treffen.

Hier muss man **mal** rechnen.

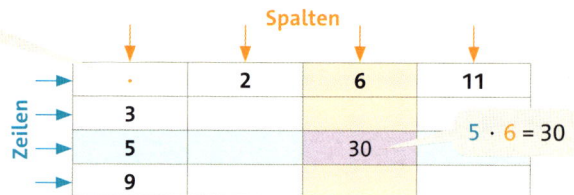

Hier muss man **geteilt** rechnen.

1 Berechne.
Beginne immer mit der Zahl in der ersten Spalte.

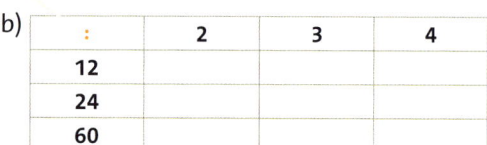

a)

·	2	6	11
3			
5			
9			

b)

:	2	3	4
12			
24			
60			

Lösungen

1 a)

·	2	6	11
3	6	18	33
5	10	30	55
9	18	54	99

b)

:	2	3	4
12	6	4	3
24	12	8	6
60	30	20	15

Vorrangregeln

Wenn mehrere Rechenarten (+/− und ·/:) in einer Aufgabe vorkommen, musst du die Reihenfolge der Rechenschritte beachten.

> Ein Rechenbaum kann dir helfen.

1. Regel: Klammern zuerst ausrechnen

$$12 \cdot (4 - 2)$$
$$= 12 \cdot \quad 2$$
$$= \quad 24$$

> Rechne zuerst in der Klammer.

2. Punktrechnung vor Strichrechnung
   · und :   vor   + und −

$$15 - 2 \cdot 6$$
$$= 15 - 12$$
$$= \quad 3$$

> Nimm zuerst mal.

Manchmal musst du beide Regeln in einer Aufgabe beachten.

1. Regel: Klammern zuerst ausrechnen
2. Punktrechnung vor Strichrechnung
   · und :   vor   + und −

$$15 - 2 \cdot (6 + 4) : 4$$
$$= 15 - (2 \cdot \quad 10 \quad : 4)$$
$$= 15 - 20 : 4$$
$$= 15 - 5$$
$$= \underline{\underline{10}}$$

---

1 Welches Ergebnis ist größer? Berechne.

a) $44 + 6 \cdot 5 =$
   $(44 + 6) \cdot 5 =$

b) $180 - 30 : 10 =$
   $(180 - 30) : 10 =$

c) $10 + 24 : (6 - 2) + 5 =$
   $10 + 24 : 6 - 2 + 5 =$

d) $(28 + 4) : (2 + 6) =$
   $28 + 4 : 2 + 6 =$

Lösungen

1 a) $44 + 6 \cdot 5 = 44 + 30 = 74$
   $(44 + 6) \cdot 5 = 50 \cdot 5 = 250$
   Das Ergebnis der zweiten Aufgabe ist größer.

b) $180 - 30 : 10 = 180 - 3 = 177$
   $(180 - 30) : 10 = 150 : 10 = 15$
   Das Ergebnis der ersten Aufgabe ist größer.

c) $10 + 24 : (6 - 2) + 5 = 10 + 24 : 4 + 5 = 10 + 6 + 5 = 21$
   $10 + 24 : 6 - 2 + 5 = 10 + 4 - 2 + 5 = 17$
   Das Ergebnis der ersten Aufgabe ist größer.

d) $(28 + 4) : (2 + 6) = 32 : 8 = 4$
   $28 + 4 : 2 + 6 = 28 + 2 + 6 = 36$
   Das Ergebnis der zweiten Aufgabe ist größer.

Vertauschungsgesetz bei ·

Beim Multiplizieren können die Faktoren vertauscht werden.
Das Ergebnis bleibt gleich.

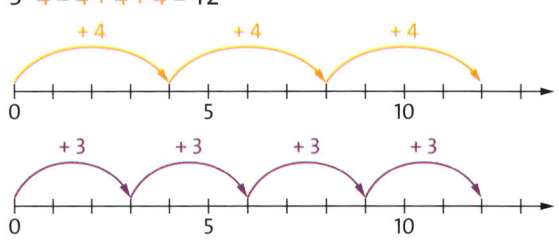

$3 \cdot 4 = 4 + 4 + 4 = 12$

$4 \cdot 3 = 3 + 3 + 3 + 3 = 12$

Nach dem Vertauschen kannst du manche Aufgaben leichter rechnen.

$2 \cdot 12 \cdot 5$
$= 2 \cdot 5 \cdot 12$
$= 10 \cdot 12$
$= \underline{120}$

Aber **Vorsicht**:
Bei der Division geht das nicht.

$10 : 2 = \underline{5}$
$2 : 10 = ?$

> Das kannst du noch nicht rechnen.

---

1 Welche Aufgabe kannst du leichter lösen? Entscheide und berechne dann.

a) $2 \cdot 23 \cdot 5$
  $2 \cdot 5 \cdot 23$

b) $4 \cdot 5 \cdot 14$
  $5 \cdot 14 \cdot 4$

c) $50 \cdot 3 \cdot 6$
  $6 \cdot 50 \cdot 3$

d) $5 \cdot 50 \cdot 20$
  $5 \cdot 20 \cdot 50$

2 Vertausche zwei Zahlen so, dass sie multipliziert eine Zehnerzahl oder eine Hunderterzahl ergeben. Berechne dann.

a) $4 \cdot 3 \cdot 5$

b) $5 \cdot 3 \cdot 8$

c) $3 \cdot 50 \cdot 4$

d) $4 \cdot 2 \cdot 25 \cdot 10$

Lösungen

1 a) $2 \cdot 5 \cdot 23$
  $= 10 \cdot 23$
  $= \underline{230}$

b) $4 \cdot 5 \cdot 14$
  $= 20 \cdot 14$
  $= \underline{280}$

c) $6 \cdot 50 \cdot 3$
  $= 300 \cdot 3$
  $= \underline{900}$

d) $5 \cdot 20 \cdot 50$
  $= 100 \cdot 50$
  $= \underline{5000}$

2 a) $4 \cdot 3 \cdot 5$
  $= 4 \cdot 5 \cdot 3$
  $= 20 \cdot 3$
  $= \underline{60}$

b) $8 \cdot 3 \cdot 5$
  $= 5 \cdot 8 \cdot 3$
  $= 40 \cdot 3$
  $= \underline{120}$

c) $3 \cdot 50 \cdot 4$
  $= 4 \cdot 50 \cdot 3$
  $= 200 \cdot 3$
  $= \underline{600}$

d) $4 \cdot 2 \cdot 25 \cdot 10$
  $= 2 \cdot 4 \cdot 25 \cdot 10$
  $= 2 \cdot 100 \cdot 10$
  $= 200 \cdot 10$
  $= \underline{2000}$

Verbindungsgesetz bei ·

Beim Multiplizieren können Klammern gesetzt oder weggelassen werden.
Das Ergebnis bleibt gleich.

$(2 \cdot 3) \cdot 6 = 6 \cdot 6 = 36$

$2 \cdot (3 \cdot 6) = 2 \cdot 18 = 36$

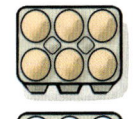

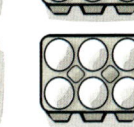

Es gibt 2 Reihen mit 3 Eiern in 6 Kartons:
$(2 \cdot 3) \cdot 6$

Aber **Vorsicht**:
Bei der Division geht das nicht.

$(80 : 10) : 2$
$= \quad 8 \quad : 2$
$= \quad \quad \underline{\underline{4}}$

$80 : (10 : 2)$
$= 80 : \quad 5$
$= \quad \underline{\underline{16}}$

1 Welche Aufgabe kannst du leichter lösen? Berechne.

a) $(2 \cdot 4) \cdot 25$
   $2 \cdot (4 \cdot 25)$

b) $(5 \cdot 2) \cdot 23$
   $5 \cdot (2 \cdot 23)$

c) $(2 \cdot 5) \cdot 7$
   $2 \cdot (5 \cdot 7)$

d) $4 \cdot (25 \cdot 5) \cdot 2$
   $(4 \cdot 25) \cdot (5 \cdot 2)$

Lösungen

1 a) $2 \cdot (4 \cdot 25)$
      $= 2 \cdot 100$
      $= \underline{\underline{200}}$

b) $(5 \cdot 2) \cdot 23$
   $= 10 \cdot 23$
   $= \underline{\underline{230}}$

c) $(2 \cdot 5) \cdot 7$
   $= 10 \cdot 7$
   $= \underline{\underline{70}}$

d) $(4 \cdot 25) \cdot (5 \cdot 2)$
   $= 100 \cdot 10$
   $= \underline{\underline{1000}}$

Schriftlich multiplizieren (2 Seiten)

① Schreibe die Aufgabe ins Heft und unterstreiche sie.

> Schreibe je Kästchen nur eine Ziffer oder ein Rechenzeichen.

$42 \cdot 39 = $ _____

		Z	E	
4	2	·	3	9
	T	H	Z	E

> Das kleine 1×1 solltest du auswendig können.

② Multipliziere (·) mit dem **Zehner** des 2. Faktors.
Schreibe eine 0 unter die **Einer**.
Multipliziere stellenweise von rechts nach links: Zuerst mit dem **Einer**,

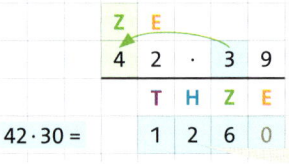

		Z	E	
	4	2	·	3	9
		T	H	Z	E
$42 \cdot 30 =$				6	0

$3 \cdot 2E = 6E$

dann mit dem **Zehner**.

		Z	E	
	4	2	·	3	9
		T	H	Z	E
$42 \cdot 30 =$		1	2	6	0

$3 \cdot 4Z = 12Z$

③ Multipliziere (·) mit dem **Einer** des 2. Faktors.
Multipliziere stellenweise von rechts nach links: Zuerst mit dem **Einer**,

		Z	E	
	4	2	·	3	9
		T	H	Z	E
$42 \cdot 30 =$		1	2	6	0
$42 \cdot 9 =$					8

> $9 \cdot 2E = 18E$, schreibe **8E** und merke dir **1Z**.

dann mit dem **Zehner**.

		Z	E	
	4	2	·	3	9
		T	H	Z	E
$42 \cdot 30 =$		1	2	6	0
$42 \cdot 9 =$			3	7	8

$9 \cdot 4Z + 1Z = 37Z$

④ Addiere (+) die beiden Teilergebnisse.
Sie stehen schon stellengerecht untereinander.

> Achte auf die **Überträge**.

> Unterstreiche das Ergebnis doppelt.

		Z	E	
	4	2	·	3	9
		T	H	Z	E
$42 \cdot 30 =$		1	2	6	0
$42 \cdot 9 =$	+		3	7	8
				1	
		1	6	3	8

1 Rechne wie im Beispiel.

a)

Z	E
1 5	· 1 9

H	Z	E

b)

| 1 0 5 | · 3 5 |

c)

| 3 3 3 | · 5 0 |

d)

| 2 9 | · 1 4 8 |

2 Welche Zahlen fehlen hier?

a)

	4 3	· 5 3
	3 2 1 5
+	1 9 2 9
	9

b)

6 1 3	· 5
3 0 6 5
+ 6 1 3
6 3

c)

1 5 0	· 6
3 0 0 0
+ 0

d)

7 5	· 2 6
7 5 0 0
+ 2 5

Lösungen

1 a)

Z	E
1 5	· 1 9

H	Z	E
1 5 0
+ 1 3 5
2 8 5

b)

1 0 5	· 3 5
3 1 5 0
+ 5 2 5
3 6 7 5

c)

3 3 3	· 5 0
1 6 6 5 0
+ 0 0 0
1 6 6 5 0

d)

2 9	· 1 4 8
2 9 0 0
1 1 6 0
+ 2 3 2
1
4 2 9 2

2 a)

6 4 3	· 5 3
3 2 1 5 0
+ 1 9 2 9
1
3 4 0 7 9

b)

6 1 3	· 5 1
3 0 6 5 0
+ 6 1 3
1
3 1 2 6 3

c)

1 5 0	· 2 6
3 0 0 0
+ 9 0 0
3 9 0 0

d)

3 7 5	· 2 6
7 5 0 0
+ 2 2 5 0
9 7 5 0

Schriftlich dividieren (3 Seiten)

① Berechne den Überschlag (:).

548 : 4 = ____
Überschlag   548 : 4
≈ 560 : 4 = 140

② Schreibe die Aufgabe ins Heft.
Achte auf ausreichend Platz nach unten.

> Schreibe je Kästchen nur eine Ziffer oder ein Rechenzeichen.

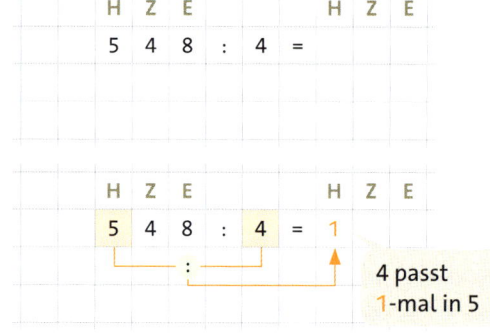

③ Dividiere (:) stellenweise.
Beginne bei der höchsten Stelle.

4 passt
1-mal in 5

④ Rechne zurück: Multipliziere (·).

$1 \cdot 4 = 4$

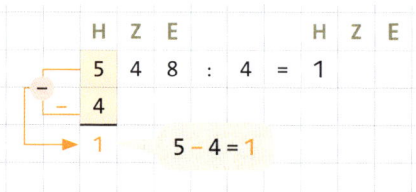

⑤ Subtrahiere (–).

$5 - 4 = 1$

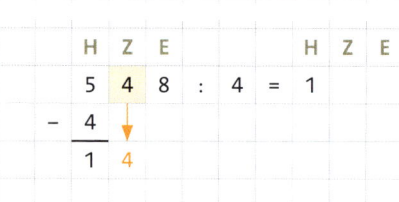

⑥ Schreibe die nächste Ziffer von oben nach unten.

⑦ Dividiere (:) die nächste Stelle.

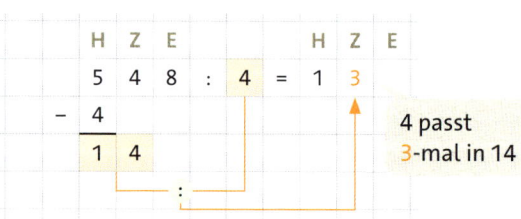

4 passt
3-mal in 14

⑧ Rechne zurück: Multipliziere (·).

$3 \cdot 4 = 12$

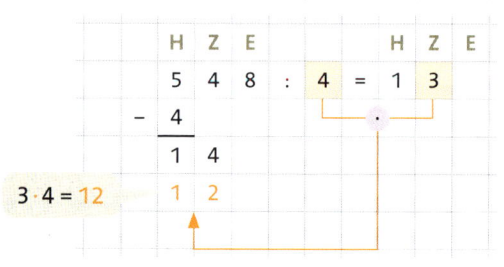

Schriftlich dividieren (3 Seiten)

⑨ Subtrahiere (−).

⑩ Schreibe die nächste Ziffer von oben nach unten.

⑪ Dividiere (:) die nächste Stelle.

⑫ Rechne zurück: Multipliziere (·).

⑬ Subtrahiere (−).
Du bist fertig, wenn der Rest 0 ist
und oben keine weitere Ziffer
mehr steht.

Unterstreiche das
Ergebnis doppelt.

Wiederhole beim schrift-
lichen Teilen diese Schritte:
1. teile
2. nimm mal
3. ziehe ab
4. nächste Ziffer nach unten

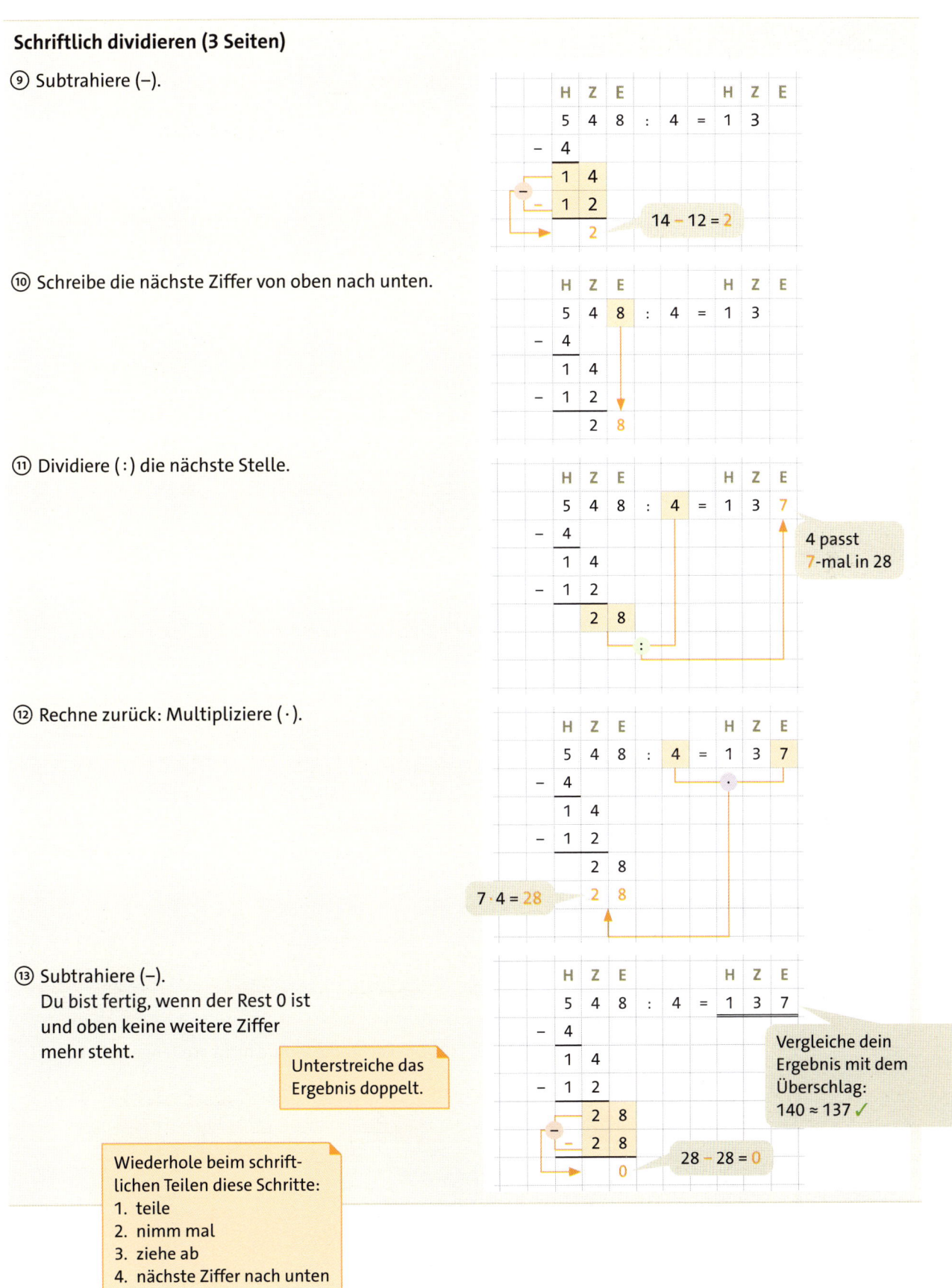

1 Dividiere schriftlich wie im Beispiel.

a)

H	Z	E				H	Z	E
8	7	6	:	6	=			

− _____

− _____

− _____

b)

H	Z	E				H	Z	E
5	6	7	:	3	=			

c)

T	H	Z	E				H	Z	E
1	2	9	5	:	5	=			

2 Finde den Fehler in der Rechnung.
Rechne richtig.

	6	7	5	:	5	=	1	3
−	5							
	1	5						
−	1	5						
	0							

	6	7	5	:	5	=

Lösungen

1 a)

H	Z	E				H	Z	E
8	7	6	:	6	=	1	4	6
− 6								
2	7							
− 2	4							
	3	6						
−	3	6						
	0							

b)

H	Z	E				H	Z	E
5	6	7	:	3	=	1	8	9
− 3								
2	6							
− 2	4							
	2	7						
−	2	7						
	0							

c)

T	H	Z	E				H	Z	E
1	2	9	5	:	6	=	2	5	9
− 1	0								
	2	9							
−	2	5							
		4	5						
−		4	5						
		0							

2 Die Rechnung wurde nicht stellengerecht notiert.

	6	7	5	:	5	=	1	3	5
−	5								
	1	7							
−	1	5							
	2	5							
	2	5							
	0								

Teste dich!

1 Welche Größe ist das?

Ergänze die Einheit im Heft.

a) Die Zeitschrift wiegt 300 ▧.

b) Die Milch kostet 60 ▧.

c) Der Bus ist 14 ▧ lang.

d) Die Tür ist 80 ▧ breit.

2 Rechne um.

a) 324,90 € = ▧ € ▧ ct

b) 1,50 m = ▧ cm

c) 3 t 521 kg 999 g = ▧ g

d) 121 min = ▧ h ▧ min

3 Ordne die Gewichte.

Beginne mit dem leichtesten Gewicht.

| 2000 g | 5 t | 3 t 450 kg |
| 9999 kg | 12 000 g | 340 kg 999 g |

4 Berechne die Länge.

a) 8,20 m − 30 cm

b) 7 · 1,5 dm

c) 8 km + 1500 m + 2 dm

5 Ali hat 10 € dabei. Reicht das?

Wie viel Wechselgeld bekommt er?

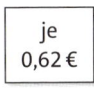

je
0,62 €

6 Marlon geht ins Schwimmbad.

Eintrittskarte
Schwimmbad am Rathaus
1 Kind (6 - 16 Jahre)

3-Stunden-Tarif .... **8,00 €**
Eintritt um 13:57 Uhr

Marlon geht um 15.43 Uhr vom Schwimmbad zum Bus.

a) Wie lang hätte er noch bleiben können?

b) Hätte Marlon auch eine Karte für den 2-Stunden-Tarif kaufen können?

---

1 Welche Größe ist das?

Ergänze die Einheit im Heft.

a) Corinna wiegt 41 ▧ und ist 1,61 ▧ groß.

b) Das Spiel wird 5 ▧ unterbrochen.

c) Das Brötchen kostet 45 ▧.

d) Die Reithalle ist 50 ▧ lang.

2 Rechne um.

a) 1027 € 5 ct = ▧ €

b) 2,45 m = ▧ mm

c) 3 t 3 kg 3 g = ▧ g

d) 200 min = ▧ h ▧ min

3 Ordne die Gewichte.

Setze das Zeichen > ein.

| 2,5 t | 120 kg 800 g | 10 t 999 kg |
| 349,900 kg | 1 t 500 g | 200,500 t |

4 Ergänze im Heft.

a) 150 cm + ▧ = 7,70 m

b) ▧ · 25 dm = 5 m

c) 1 km : ▧ = 10 m

5 Olivia hat 20 € dabei.

Was könnte sie wieder zurückgeben, damit das Geld reicht?

je Kiste
4,99 €

je
1,99 €

6 Parkgebühren

Parkhaus am Rathaus	
1. Stunde	0,60 €
2. Stunde	0,70 €
3. Stunde	0,80 €
weitere angefangene 15 Minuten	je 0,25 €
Tageskarte	5,00 €

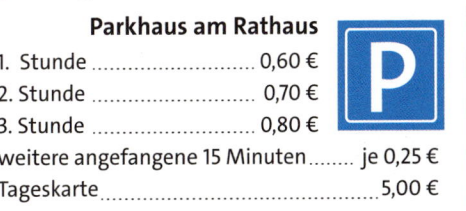

Wie hoch sind die Parkgebühren?

a) 1 Stunde und 15 Minuten

b) 3 Stunden und 45 Minuten

c) von 7.43 Uhr bis 12.04 Uhr

d) Ab wann lohnt sich eine Tageskarte?

Checkliste

Nr.	mathematische Fähigkeit (Kompetenz)	☺	☻	☹	Hast du etwas falsch gemacht? Wo lag dein Fehler?	Hier kannst du dich verbessern.
1	Ich kann erkennen, welche Größe und Einheit zu einer Aussage gehören.					S. 59–67
2	Ich kann Einheiten von Größen umrechnen.					S. 59–67
3	Ich kann Gewichte ordnen.					S. 68
4	Ich kann mit Längen rechnen.					S. 69–70
5	Ich kann mit Geldbeträgen rechnen.					S. 69–70
6	Ich kann Sachaufgaben zu Zeit und Geld lösen.					S. 69–70 S. 67

Geld in die nächste Einheit umrechnen

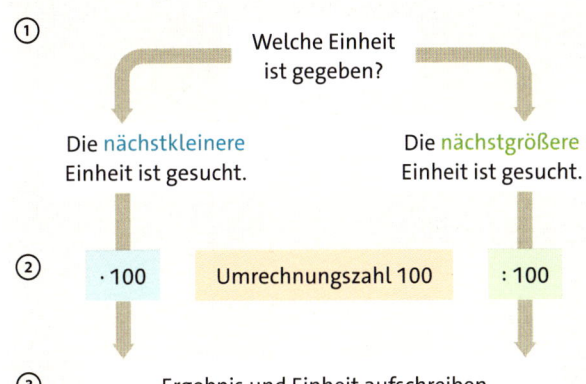

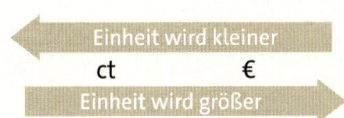

① Welche Einheit ist gegeben?

Die nächstkleinere Einheit ist gesucht.   Die nächstgrößere Einheit ist gesucht.

② · 100   Umrechnungszahl 100   : 100

③ Ergebnis und Einheit aufschreiben

a) 24 € = ▧ ct
① gegeben: €
gesucht: ct

Das ist die nächstkleinere Einheit.

② 24 · 100 = 2400
③ 24 € = <u>2400 ct</u>

b) 900 ct = ▧ €
① gegeben: ct
gesucht: €

Das ist die nächstgrößere Einheit.

② 900 : 100 = 9
③ 900 ct = <u>9 €</u>

---

1 Rechne in die nächstkleinere Einheit um.
a) 7 € = ▧ ct   b) 38 € = ▧ ct   c) 25 € = ▧ ct   d) 40 € = ▧ ct

> Wird die Einheit **kleiner**: **multiplizieren** (·)

2 Rechne in die nächstgrößere Einheit um.
a) 900 ct = ▧ €   b) 6200 ct = ▧ €   c) 85 000 ct = ▧ €   d) 407 000 ct = ▧ €

> Wird die Einheit **größer**: **dividieren** (:)

3 Rechne um. Ist die nächstkleinere oder die nächstgrößere Einheit gesucht?
a) 700 ct = ▧ €   b) 16 € = ▧ ct   c) 24,60 € = ▧ ct   d) 3000 ct = ▧ €

Lösungen

1 a) 700 ct   b) 3800 ct   c) 2500 ct   d) 4000 ct

2 a) 9 €   b) 62 €   c) 850 €   d) 4070 €

3 a) nächstgrößere Einheit ist gesucht; 7 €   b) nächstkleinere Einheit ist gesucht; 1600 ct
c) nächstkleinere Einheit ist gesucht; 2460 ct   d) nächstgrößere Einheit ist gesucht; 30 €

Geld mit Komma

Das Komma trennt den Geldbetrag in Euro und Cent.

① Trage den Geldbetrag in die Stellenwerttafel ein. Beginne immer ganz rechts:
€-Beträge bei €   ct-Beträge bei ct.

② In welche (Einheit) soll umgerechnet werden? Manchmal musst du Nullen ergänzen.

a) 5,99 € = ▓ ct

€			ct	
H	Z	E	Z	E
		5	9	9
		5	9	9

5,99 € = 599 ct

b) 7 ct= ▓ €

€			ct	
H	Z	E	Z	E
				7
		0	0	7

7 ct = 0,07 €

1 Rechne um.

a) 10,67 € = ▓ ct

€			ct	
H	Z	E	Z	E
	1	0	6	7

b) 900,01 € = ▓ ct

€			ct	
H	Z	E	Z	E
9	0	0	0	1

c) 73 ct= ▓ €

€			ct	
H	Z	E	Z	E
			7	3

d) 2 ct = ▓ €

€			ct	
H	Z	E	Z	E
				2

2 Trage in eine Stellenwerttafel ein und rechne um.

a) 1,48 € = ▓ ct   b) 5 € 7 ct= ▓ ct   c) 26 ct = ▓ €   d) 7604 ct = ▓ €

Lösungen

1 a) 1067 ct   b) 90 001 ct   c) 0,73 €   d) 0,02 €

2 a) 148 ct   b) 507 ct   c) 0,26 €   d) 76,04 €

Längen in die nächste Einheit umrechnen

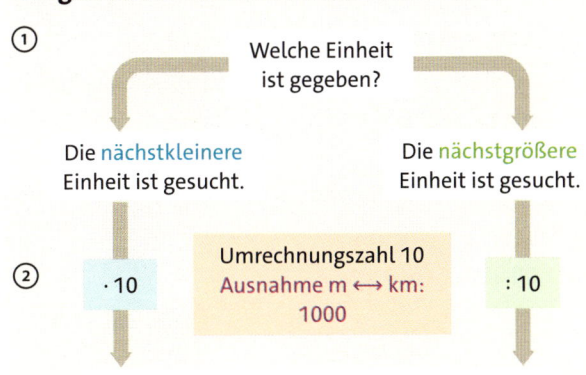

Einheit wird kleiner →

mm   cm   dm   m   km

← Einheit wird größer

① Welche Einheit ist gegeben?

Die **nächstkleinere** Einheit ist gesucht.

Die **nächstgrößere** Einheit ist gesucht.

② · 10   Umrechnungszahl 10   Ausnahme m ↔ km: 1000   : 10

③ Ergebnis und Einheit aufschreiben

a) 5 dm = ▩ cm
① gegeben: dm
   gesucht: cm

Das ist die **nächstkleinere** Einheit.

② 5 · 10 = 50
③ 5 dm = 50 cm

b) 670 mm = ▩ cm
① gegeben: mm
   gesucht: cm

Das ist die **nächstgrößere** Einheit.

② 670 : 10 = 67
③ 670 mm = 67 cm

1 Rechne in die **nächstkleinere** Einheit um.
a) 3 cm = ▩ mm   b) 14 dm = ▩ cm   c) 800 m = ▩ dm   d) 163 cm = ▩ mm

> Wird die Einheit **kleiner**: **multiplizieren** (·)

2 Rechne in die **nächstgrößere** Einheit um.
a) 30 cm = ▩ dm   b) 210 mm = ▩ cm   c) 5600 cm = ▩ dm   d) 9040 dm = ▩ m

> Wird die Einheit **größer**: **dividieren** (:)

3 Rechne um. Ist die nächstkleinere oder die nächstgrößere Einheit gesucht?
a) 610 mm = ▩ cm   b) 50 dm = ▩ cm   c) 3080 cm = ▩ dm   d) 400 m = ▩ dm

4 Rechne um. Beachte die Umrechnungszahl 1000.
a) 3 km = ▩ m   b) 5000 m = ▩ km   c) 199 000 m = ▩ km   d) 405 km = ▩ m

Lösungen

1 a) 30 mm   b) 140 cm   c) 8000 dm   d) 1630 mm

2 a) 3 dm   b) 21 cm   c) 560 dm   d) 904 m

3 a) nächstgrößere Einheit ist gesucht; 61 cm   b) nächstkleinere Einheit ist gesucht; 500 cm   c) nächstgrößere Einheit ist gesucht; 308 dm   d) nächstkleinere Einheit ist gesucht; 4000 dm

4 a) 3000 m   b) 5 km   c) 199 km   d) 40 500 m

Längen mit einer Stellenwerttafel umrechnen

① Trage die Länge in die Stellenwerttafel ein.
Beginne immer ganz rechts:
km bei km
m bei m
dm bei dm   ...

② In welche Einheit soll umgerechnet werden?
Bis zu dieser Einheit Nullen ergänzen
oder
bis zu dieser Einheit Nullen streichen.

> 17 dm sind 1 m und 7 dm.

a) 17 dm = ▦ mm

km			m			dm	cm	mm
H	Z	E	H	Z	E			
						1	7	
						1	7	0	0

17 dm = 1700 mm

b) 400 000 cm = ▦ km

km			m			dm	cm	mm
H	Z	E	H	Z	E			
		4	0	0	0	0	0	
		4	0̸	0̸	0̸	0̸	0̸	

400 000 cm = 4 km

1 Rechne um.

a) 63 km = ▦ dm

km			m			dm	cm	mm
H	Z	E	H	Z	E			
	6	3						

b) 50 000 cm = ▦ m

km			m			dm	cm	mm
H	Z	E	H	Z	E			
				5	0	0	0	0

2 Trage in eine Stellenwerttafel ein und rechne um.

a) 760 mm = ▦ cm   b) 18 m 7 dm = ▦ dm   c) 870 000 m = ▦ km   d) 450 600 dm = ▦ m

Lösungen

1 a) 630 000 dm   b) 500 m

2 a) 76 cm   b) 187 dm   c) 870 km   d) 45 060 m

Längen mit Komma

Das Komma trennt die größere Einheit von der kleineren ab.

① Trage die Länge in die Stellenwerttafel ein. Beginne immer ganz rechts:

km bei km
m bei m
dm bei dm   ...

② In welche Einheit soll umgerechnet werden? Verschiebe das Komma hinter diese Einheit und lies ab.

a) 1,205 km = ▦ m

km			m			dm	cm	mm
H	Z	E	H	Z	E			
		1	2	0	5			

1,205 km = 1205 m

Komma verschieben: hinter m

b) 195 cm = ▦ dm

km			m			dm	cm	mm
H	Z	E	H	Z	E			
						1	9	5

195 cm = 19,5 dm

Komma verschieben: hinter dm

1 Rechne um.

a) 6,3 m = ▦ dm

km			m			dm	cm	mm
H	Z	E	H	Z	E			
					6	3		

b) 5782 cm = ▦ m

km			m			dm	cm	mm
H	Z	E	H	Z	E			
				5	7	8	2	

2 Trage in eine Stellenwerttafel ein und rechne um.

a) 7,2 m = ▦ dm   b) 5 km 123 m = ▦ km   c) 69 mm = ▦ cm   d) 1402 mm = ▦ m

Lösungen

1 a) 63 dm   b) 57,82 m

2 a) 72 dm   b) 5,123 km   c) 6,9 cm   d) 1,402 m

Gewichte in die nächste Einheit umrechnen

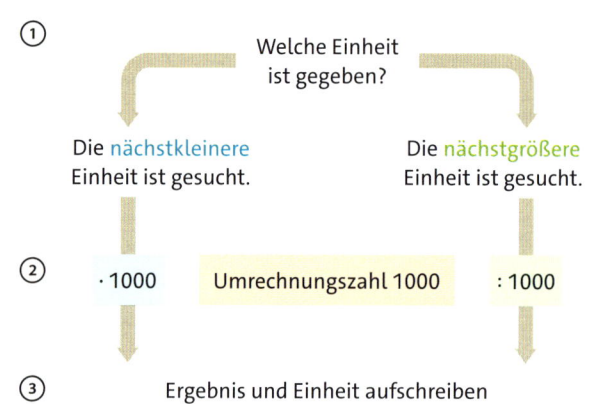

Einheit wird kleiner

g   kg   t

Einheit wird größer

a) 8 kg = ■ g
① gegeben: kg
   gesucht: g

Das ist die nächstkleinere Einheit.

② 8 · 1000 = 8000
③ 8 kg = 8000 g

b) 74 000 g = ■ kg
① gegeben: g
   gesucht: kg

Das ist die nächstgrößere Einheit.

② 74 000 : 1000 = 74
③ 74 000 g = 74 kg

---

1 Rechne in die nächstkleinere Einheit um.

a) 2 kg = ■ g   b) 51 t = ■ kg   c) 390 t = ■ kg   d) 1567 kg = ■ g

> Wird die Einheit **kleiner**: **multiplizieren** (·)

2 Rechne in die nächstgrößere Einheit um.

a) 5000 g = ■ kg   b) 86 000 kg = ■ t   c) 207 000 kg = ■ t   d) 40 000 g = ■ kg

> Wird die Einheit **größer**: **dividieren** (:)

3 Rechne um. Ist die nächstkleinere oder die nächstgrößere Einheit gesucht?

a) 35 t = ■ kg   b) 303 000 kg = ■ t   c) 6190 kg = ■ g   d) 5000 kg = ■ g

Lösungen

1 a) 2000 g   b) 51 000 kg   c) 390 000 kg   d) 1 567 000 g

2 a) 5 kg   b) 86 t   c) 207 t   d) 40 kg

3 a) nächstkleinere Einheit ist gesucht; 35 000 kg   b) nächstgrößere Einheit ist gesucht; 303 t
    c) nächstkleinere Einheit ist gesucht; 6 190 000 g   d) nächstkleinere Einheit ist gesucht; 5 000 000 g

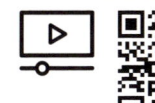 

Gewichte mit einer Stellenwerttafel umrechnen

① Trage das Gewicht in die Stellenwerttafel ein.
Beginne immer ganz rechts:
t bei **t**
kg bei **kg**
g bei g   ...

② In welche (Einheit) soll umgerechnet werden?
Bis zu dieser Einheit Nullen ergänzen
oder
bis zu dieser Einheit Nullen streichen.

a) 21 kg = ▦ g

t			kg			g		
H	Z	E	H	Z	E	H	Z	E
				2	1			
				2	1	0	0	0

21 kg = 21 000 g

b) 50 000 kg = ▦ t

t			kg			g		
H	Z	E	H	Z	E	H	Z	E
	5	0	0	0	0			
	5	0	Ø	Ø	Ø			

50 000 kg = 50 t

1 Rechne um.

a) 7 t = ▦ kg

t			kg			g		
H	Z	E	H	Z	E	H	Z	E
		7						

b) 84 000 g = ▦ kg

t			kg			g		
H	Z	E	H	Z	E	H	Z	E
				8	4	0	0	0

2 Trage in eine Stellenwerttafel ein und rechne um.

a) 1083 t = ▦ kg   b) 13 kg 412 g= ▦ g   c) 505 000 kg = ▦ t   d) 758 080 000 g= ▦ kg

Lösungen

1 a) 7000 kg   b) 84 kg

2 a) 1 083 000 kg   b) 13 412 g   c) 505 t   d) 758 080 kg

Gewichte mit Komma

Das Komma trennt die größere Einheit von der kleineren ab.

① Trage das Gewicht in die Stellenwerttafel ein.
Beginne immer ganz rechts:
t bei t
kg bei kg
g bei g   ...

② In welche Einheit soll umgerechnet werden?
Verschiebe das Komma hinter diese Einheit und lies ab.

a) 7,349 kg = ▦ g

t			kg			g		
H	Z	E	H	Z	E	H	Z	E
					7	3	4	9

7,349 kg = 7349 g

Komma verschieben: hinter g

b) 880 731 kg = ▦ t

t			kg			g		
H	Z	E	H	Z	E	H	Z	E
8	8	0	7	3	1			

Komma verschieben: hinter t

880 731 kg = 880,731 t

1 Rechne um.

a) 16,823 kg = ▦ g

t			kg			g		
H	Z	E	H	Z	E	H	Z	E
				1	6	8	2	3

b) 44 902 g = ▦ kg

t			kg			g		
H	Z	E	H	Z	E	H	Z	E
					4	4	9	0	2

2 Trage in eine Stellenwerttafel ein und rechne um.

a) 9,123 t = ▦ kg   b) 7 t 405 kg= ▦ kg   c) 5064 g = ▦ kg   d) 708 090 kg = ▦ t

Lösungen

1 a) 16 823 g   b) 44,902 kg

2 a) 9123 kg   b) 7405 kg   c) 5,064 kg   d) 708,090 t

Zeitspannen in die nächste Einheit umrechnen

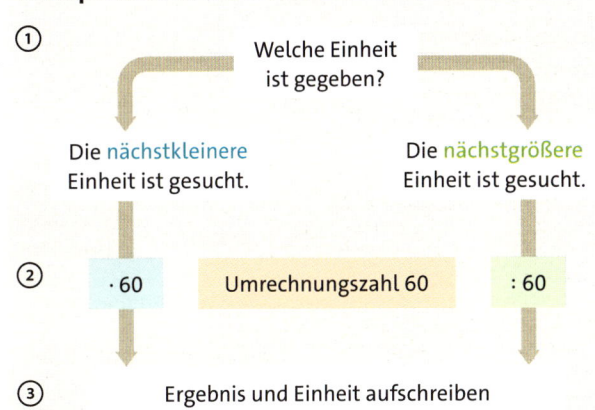

① Welche Einheit ist gegeben?

Die nächstkleinere Einheit ist gesucht.

Die nächstgrößere Einheit ist gesucht.

② · 60   Umrechnungszahl 60   : 60

③ Ergebnis und Einheit aufschreiben

Einheit wird kleiner

s   min   h

Einheit wird größer

a) 9 min = ■ s
① gegeben: min
gesucht: s

Das ist die nächstkleinere Einheit.

② 9 · 60 = 540
③ 9 min = 540 s

b) 300 s = ■ min
① gegeben: s
gesucht: min

Das ist die nächstgrößere Einheit.

② 300 : 60 = 5
③ 300 s = 5 min

1 Rechne in die nächstkleinere Einheit um.
a) 3 min = ■ s   b) 7 h = ■ min   c) 30 min = ■ s   d) 8 h = ■ min

> Wird die Einheit **kleiner**: **multiplizieren** (·)

2 Rechne in die nächstgrößere Einheit um.
a) 240 min = ■ h   b) 720 s = ■ min   c) 1200 min = ■ h   d) 660 s = ■ min

> Wird die Einheit **größer**: **dividieren** (:)

3 Rechne um. Ist die nächstkleinere oder die nächstgrößere Einheit gesucht?
a) 6 h = ■ min   b) 300 s = ■ min   c) 120 min = ■ s   d) 120 min = ■ h

Lösungen

1 a) 180 s   b) 420 min   c) 1800 s   d) 480 min

2 a) 4 h   b) 12 min   c) 20 h   d) 11 min

3 a) nächstkleinere Einheit ist gesucht; 360 min   b) nächstgrößere Einheit ist gesucht; 5 min
c) nächstkleinere Einheit ist gesucht; 7200 s   d) nächstgrößere Einheit ist gesucht; 2 h

Verschiedene Größen vergleichen: Was ist mehr?

Um Größen zu vergleichen, müssen sie **dieselbe Einheit** haben.

① Was ist die kleinere Einheit?
② Rechne die andere Größe in diese Einheit um:

③ Was ist mehr?

> mit der Umrechnungszahl **multiplizieren** (·)

Vergleiche. Setze ein: < oder >.
a) 56 cm ▥ 400 mm
  ① 56 cm ▥ 400 mm
  ② 56 cm in mm umrechnen:
    56 · 10 = 560
    Also 56 cm = 560 mm
  ③ 560 mm > 400 mm

b) 390 s ▥ 7 min
  ① 390 s ▥ 7 min
  ② 7 min in s umrechnen:
    7 · 60 = 420
    Also 7 min = 420 s
  ③ 390 s < 420 s

> **Denke an die verschiedenen Umrechnungszahlen!**

1 Was ist mehr? Setze ein: < oder > oder =.
a) 12 € ▥ 1212 ct
b) 55 cm ▥ 5 dm
c) 7500 g ▥ 8 kg
d) 390 s ▥ 6 min
e) 200 cm ▥ 20 m
f) 5 h ▥ 300 min

Das Krokodil frisst immer die größere Zahl.

Lösungen

1 a) 12 € < 1212 ct,
    denn 12 € = 1200 ct
  d) 390 s > 6 min
    denn 6 min = 360 s

b) 55 cm > 5 dm,
    denn 5 dm = 50 cm
e) 200 cm < 20 m
    denn 20 m = 2000 cm

c) 7500 g < 8 kg,
    denn 8 kg = 8000 g
f) 5 h = 300 min

Mit Größen rechnen: addieren (+) und subtrahieren (−)

Bei **+** und **−** müssen Größen
dieselbe Einheit haben.

① Was ist die <mark>kleinere Einheit</mark>?

② Rechne die andere Größe in
diese Einheit um:

                 *mit der Um-
                 rechnungszahl
③ Berechne.   **multiplizieren** (·)*

Berechne: **+** und **−**

a) 8 m + 47 dm

  ① 8 m + 47 <mark>dm</mark>

  ② 8 m in dm umrechnen:

      8 · 10 = 80

  Also 8 m = 80 dm

  ③   8 m + 47 dm

    = 80 <mark>dm</mark> + 47 <mark>dm</mark> = <u>127 dm</u>

b) 4 kg − 625 g

  ① 4 kg − 625 <mark>g</mark>

  ② 4 kg in g umrechnen:

      4 · 1000 = 4000 g

  Also 4 kg = 4000 g

  ③   4 kg − 625 g

    = 4000 <mark>g</mark> − 625 <mark>g</mark> = <u>3375 g</u>

*Denke an die
verschiedenen
Umrechnungs-
zahlen!*

---

1 Berechne.

Tipp Schreibe bei der Addition und Subtraktion stellengerecht untereinander.

a) 5 dm + 32 cm   b) 2 t + 174 kg   c) 12 h + 270 min   d) 9,80 € + 510 ct

e) 585 ct − 3 €   f) 15 kg − 5630 g   g) 68 m − 3700 cm   h) 5 h − 38 min

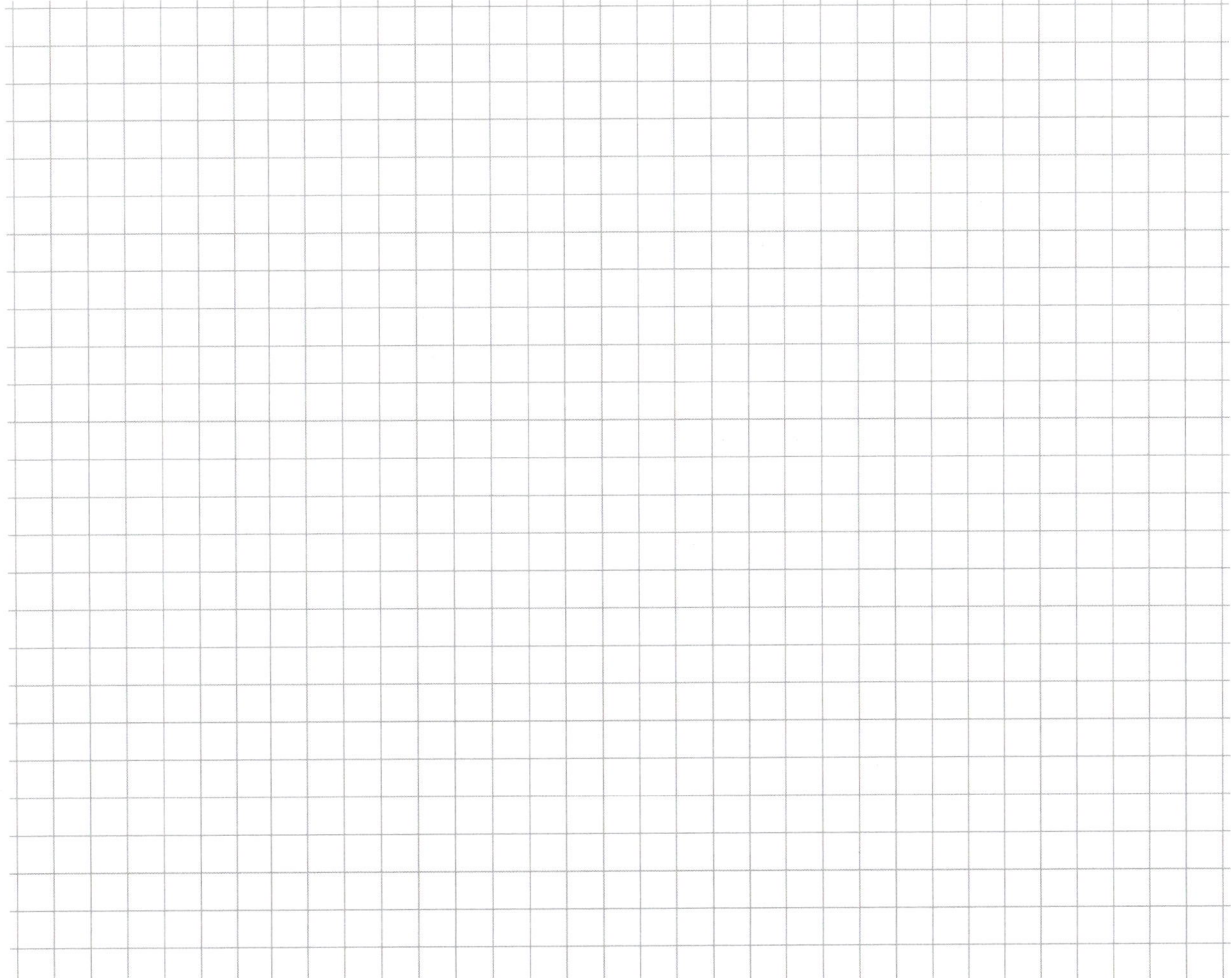

Lösungen

1 a) 82 cm   b) 2174 kg   c) 990 min   d) 1490 ct

    e) 285 ct   f) 9370 g   g) 3100 cm   h) 262 min

Mit Größen rechnen: multiplizieren (·) und dividieren (:)

Bei · und : rechne nur mit den Zahlen.

Berechne: · und :

① Rechne ohne Einheiten.
② Schreibe das Ergebnis mit Einheiten.

a) 4·9 kg
① 4·9 = 36
② Also 4·9 kg = 36 kg

b) 42 cm : 7
① 42 : 7 = 6
② Also 42 cm : 7 = 6 cm

1 Berechne.

a) 5·11 g   b) 12·8 cm   c) 3·60 ct   d) 6·20 min

e) 48 m : 6   f) 60 min : 4   g) 1000 g : 4   h) 40 € : 5

Lösungen

1 a) 55 g   b) 96 cm   c) 180 ct   d) 120 min

   e) 8 m   f) 15 min   g) 250 g   h) 8 €

Teste dich!

1 Zeichne das Rechteck und das Quadrat.
Berechne dann Umfang und Flächeninhalt.
a) Rechteck: a = 7 cm; b = 3 cm
b) Quadrat: a = 3 cm

2 Welche Figur ist größer?
Begründe deine Antwort.

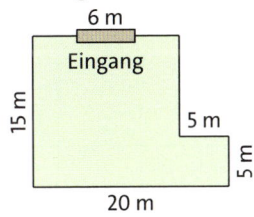

3 Rechne in die angegebene Einheit um.
a) $10\,cm^2 = \blacksquare\,mm^2$
b) $50\,km^2 = \blacksquare\,ha$
c) $4800\,cm^2 = \blacksquare\,dm^2$
d) $70\,000\,cm^2 = \blacksquare\,m^2$

4 Ein Quadrat hat einen Umfang von 36 cm.
Berechne den Flächeninhalt.

5 Berechne, wie viel m Zaun man braucht.
Berechne, wie groß die Wiese ist.

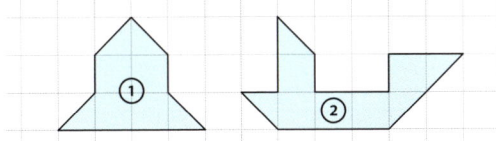

1 Zeichne das Rechteck und das Quadrat.
Berechne dann Umfang und Flächeninhalt.
a) Rechteck: a = 8 cm; b = 4 cm
b) Quadrat: a = 35 mm

2 Welche Figur ist größer?
Begründe deine Antwort.

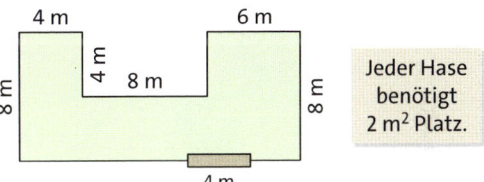

3 Rechne in die angegebene Einheit um.
a) $36\,cm^2 = \blacksquare\,mm^2$
b) $150\,ha = \blacksquare\,m^2$
c) $20\,000\,cm^2 = \blacksquare\,dm^2$
d) $1\,060\,000\,mm^2 = \blacksquare\,dm^2$

4 Ein Quadrat hat einen Flächeninhalt von
64 cm². Berechne den Umfang.

5 Berechne, wie viel m Zaun man braucht
und wie viele Hasen auf die Wiese können.

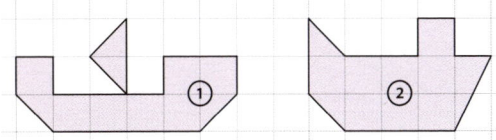

Jeder Hase
benötigt
2 m² Platz.

Checkliste

Nr.	mathematische Fähigkeit (Kompetenz)	😊	😐	☹	Hast du etwas falsch gemacht? Wo lag dein Fehler?	Hier kannst du dich verbessern.
1	Ich kann Rechtecke und Quadrate zeichnen und deren Umfang und Flächeninhalt bestimmen.					S. 73 S. 77
2	Ich kann Flächeninhalte vergleichen.					S. 74
3	Ich kann Flächeneinheiten umrechnen.					S. 75 S. 76
4	Ich kann Umfang und Flächeninhalt von Quadraten umrechnen.					S. 75 S. 76 S. 77
5	Ich kann Sachaufgaben zu zusammengesetzten Figuren lösen.					S. 78

Umfang berechnen: Quadrat und Rechteck

Für Rechtecke und Quadrate gibt es *kurze* Umfangsformeln.

a)

Länge a

$a = 5\,cm$

b)

Länge a   Breite b

$a = 3\,cm$, $b = 4\,cm$

① Schreibe die Umfangsformel auf.

① $u = 4 \cdot a$

① $u = 2 \cdot a + 2 \cdot b$

② Setze die Seitenlängen ein. Rechne ohne Einheiten.

② $u = 4 \cdot 5$
  $= 20$

② $u = 2 \cdot 3 + 2 \cdot 4$
  $= 6 + 8$
  $= 14$

③ Ergänze die Einheit.

③ $u = \underline{20\,cm}$

③ $u = \underline{14\,cm}$

---

1 Berechne den Umfang mit den Formeln.

a)

5 m

b)

6 dm

3 dm

c)

15 mm

d)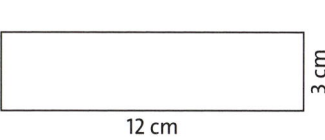

12 cm   3 cm

2 Berechne den Umfang vom Quadrat.

a) $a = 8\,cm$ b) $a = 11\,mm$ c) $a = 31\,dm$ d) $a = 7\,m$

3 Berechne den Umfang vom Rechteck.

Tipp Haben a und b **verschiedene Einheiten**? Dann rechne zuerst in die kleinere Einheit um.

a) $a = 1\,m$; $b = 9\,m$ b) $a = 17\,cm$; $b = 14\,cm$ c) $a = 4\,dm$; $33\,cm$ d) $a = 55\,mm$; $b = 6\,cm$

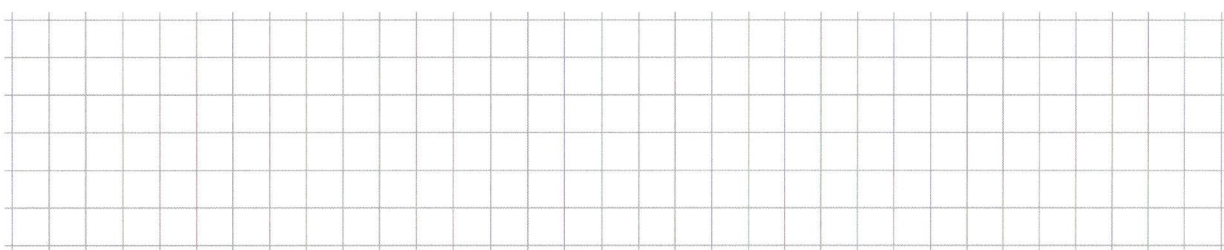

Lösungen

1 a) $u = 4 \cdot 5 = 20$
  $u = 20\,m$

b) $u = 2 \cdot 3 + 2 \cdot 6$
  $u = 18\,dm$

c) $u = 4 \cdot 15 = 60$
  $u = 60\,mm$

d) $u = 2 \cdot 12 + 2 \cdot 3$
  $u = 30\,cm$

2 a) $u = 32\,cm$

b) $u = 44\,mm$

c) $u = 124\,dm$

d) $u = 28\,m$

3 a) $u = 20\,m$

b) $u = 62\,cm$

c) $u = 2 \cdot 40 + 2 \cdot 33$
  $u = 146\,cm$

d) $u = 2 \cdot 55 + 2 \cdot 60$
  $u = 230\,mm = 23\,cm$

Kästchen zählen

① Zerlege die Figur.

② Zähle die Kästchen.

③ Addiere (+) die Kästchen.

Wie groß ist die Figur?

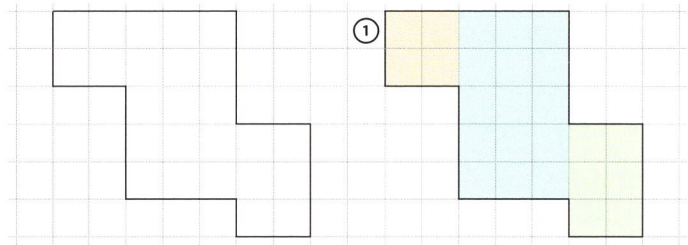

②   4 Kästchen
    15 Kästchen
    6 Kästchen

③ 4 + 15 + 6 = 25
Die Figur ist 25 Kästchen groß.

1 Aus wie vielen Kästchen besteht die Figur?
Zerlege die Figur und zähle die Kästchen.

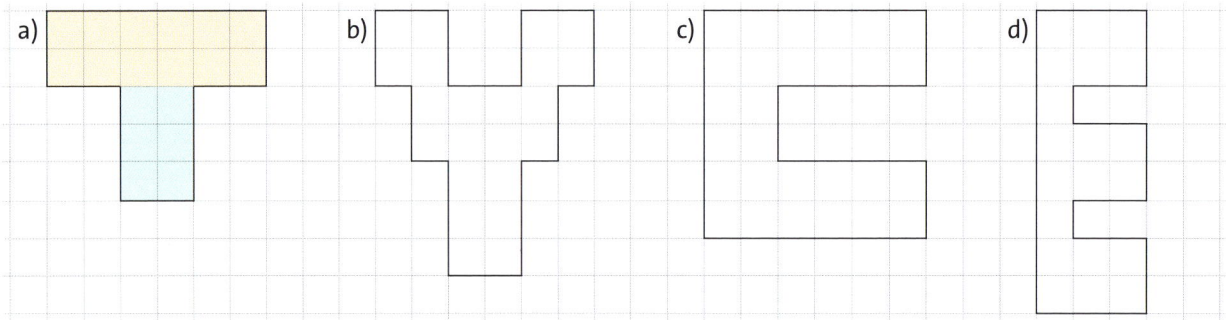

2 Aus wie vielen Kästchen besteht die Figur?
Zwei halbe Kästchen ergeben zusammen ein ganzes Kästchen.

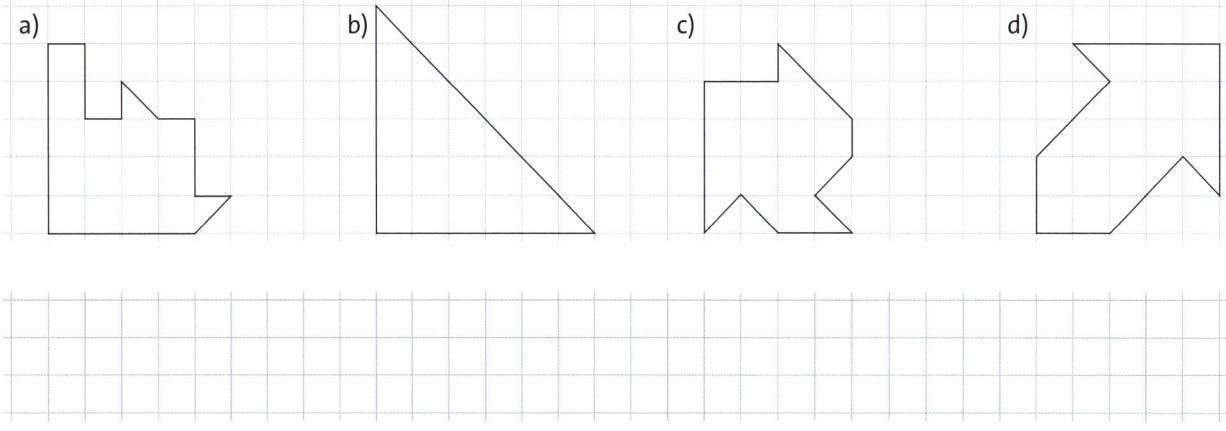

Lösungen

1 a) 18 Kästchen   b) 22 Kästchen   c) 28 Kästchen   d) 20 Kästchen

2 a) 15 Kästchen   b) 18 Kästchen   c) 14 Kästchen   d) 18 Kästchen

Flächeneinheiten in die nächste Einheit umrechnen

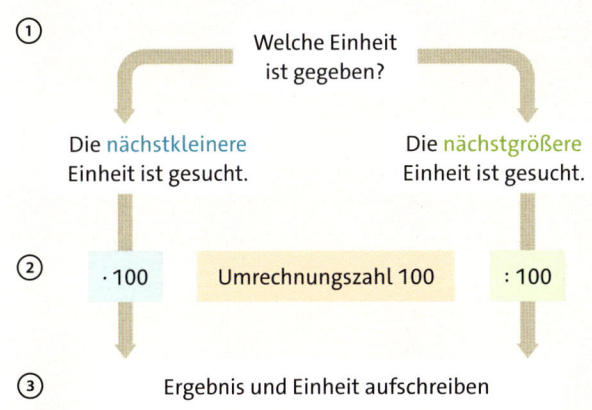

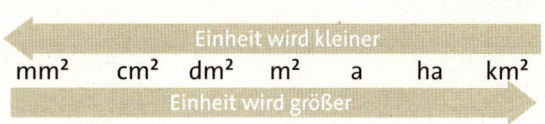

		Einheit wird kleiner				
mm²	cm²	dm²	m²	a	ha	km²
		Einheit wird größer				

a) 4 cm² = ■ mm²
① gegeben: cm²
   gesucht: mm²

b) 600 cm² = ■ dm²
① gegeben: cm²
   gesucht: dm²

Das ist die nächstkleinere Einheit.

Das ist die nächstgrößere Einheit.

② 4 · 100 = 400
③ 4 cm² = 400 mm²

② 600 : 100 = 6
③ 600 cm² = 6 dm²

---

1 Rechne in die nächstkleinere Einheit um.
a) 7 dm² = ■ cm²   b) 25 m² = ■ dm²   c) 92 cm² = ■ mm²   d) 153 dm² = ■ cm²

> Wird die Einheit **kleiner**:
> **multiplizieren** (·)

2 Rechne in die nächstgrößere Einheit um.
a) 800 dm² = ■ m²   b) 1900 mm² = ■ cm² c) 4600 mm² = ■ dm² d) 53 000 dm² = ■ m²

> Wird die Einheit **größer**:
> **dividieren** (:)

3 Rechne um. Ist die nächstkleinere oder die nächstgrößere Einheit gesucht?
a) 74 dm² = ■ cm²   b) 900 mm² = ■ cm²   c) 6500 m² = ■ dm²   d) 80 900 cm² = ■ dm²

Lösungen

1 a) 700 cm²   b) 2500 dm²   c) 9200 mm²   d) 15 300 cm²

2 a) 8 m²   b) 19 cm²   c) 46 dm²   d) 530 m²

3 a) nächstkleinere Einheit ist gesucht; 7400 cm²   b) nächstgrößere Einheit ist gesucht; 9 cm²   c) nächstkleinere Einheit ist gesucht; 650 000 dm²   d) nächstgrößere Einheit ist gesucht; 809 dm²

Flächeninhalte mit einer Stellenwerttafel umrechnen

① Trage den Flächeninhalt in die Stellenwerttafel ein. Beginne immer ganz rechts: km² bei km² ha bei ha a bei a ...

a) 12 m² = ▦ cm²

km²		ha		a		m²		dm²		cm²		mm²	
Z	E	Z	E	Z	E	Z	E	Z	E	Z	E	Z	E
						1	2						
						1	2	0	0	0	0		

12 m² = 120 000 cm²

② In welche Einheit soll umgerechnet werden? Bis zu dieser Einheit Nullen ergänzen oder bis zu dieser Einheit Nullen streichen.

b) 150 000 m² = ▦ ha

km²		ha		a		m²		dm²		cm²		mm²	
Z	E	Z	E	Z	E	Z	E	Z	E	Z	E	Z	E
		1	5	0	0	0	0						
		1	5	0̷	0̷	0̷	0̷						

150 000 m² = 15 ha

---

1 Rechne um.

a) 30 000 000 mm² = ▦ cm²

b) 85 a = ▦ dm²

km²		ha		a		m²		dm²		cm²		mm²	
Z	E	Z	E	Z	E	Z	E	Z	E	Z	E	Z	E
						3	0	0	0	0	0	0	0
				8	5								

2 Trage in eine Stellenwerttafel ein und rechne um.

a) 2 km² = ▦ a   b) 8 m² = ▦ mm²   c) 56 700 mm² = ▦ cm²   d) 4 100 000 cm² = ▦ m²

Lösungen

1

	km²		ha		a		m²		dm²		cm²		mm²	
	Z	E	Z	E	Z	E	Z	E	Z	E	Z	E	Z	E
a)							3	0	0	0	0	0	0̷	0̷
b)					8	5	0	0	0	0				

2 a) 20 000 a   b) 8 000 000 mm²   c) 567 cm²   d) 410 m²

Flächeninhalt berechnen: Quadrat und Rechteck

① Schreibe die Formel auf.

② Setze die Zahlen ein und multipliziere (·).

> Sind a und b **nicht in derselben Einheit** angegeben, rechne in die kleinere Einheit um.

③ Ergänze die Einheit:
A = Zahl und Einheit

a) Quadrat mit
a = 5 dm

Länge a

① A = a · a
② A = 5 · 5
A = 25
③ A = 25 dm²

b) Rechteck mit
a = 4 cm und b = 6 cm

Breite b

Länge a

① A = a · b
② A = 4 · 6
A = 24
③ A = 24 cm²

---

1 Wie groß ist der Flächeninhalt des Quadrats?
Berechne mit der Formel.

a) a = 2 cm   b) a = 6 cm   c) a = 20 cm   d) a = 12 cm

2 Wie groß ist der Flächeninhalt des Rechtecks?
Berechne mit der Formel.

a) a = 2 cm; b = 8 cm   b) a = 5 cm; b = 4 cm   c) a = 13 cm; b = 3 cm   d) a = 9 cm; b = 12 cm

3 Berechne den Flächeninhalt.
Tipp Haben a und b **verschiedene Einheiten**? Dann rechne zuerst in die kleinere Einheit um.

a)   b)   c)   d)

30 cm

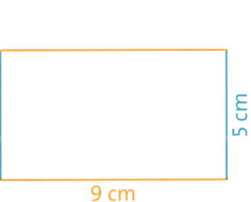

9 cm

5 cm

6 cm

12 cm

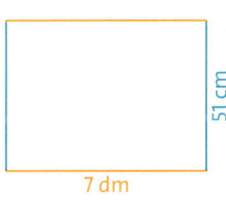

7 dm

51 cm

Lösungen

1 A = a · a
a) A = 4 cm²   b) A = 36 cm²   c) A = 400 cm²   d) A = 144 cm²

2 A = a · b
a) A = 16 cm²   b) A = 20 cm²   c) A = 39 cm²   d) A = 108 cm²

3 a) A = 900 cm²   b) A = 45 cm²   c) A = 72 cm²   d) A = 3570 cm²

Zusammengesetzte Figuren berechnen – Ergänzungsmethode

Zusammengesetzte Figuren können zerlegt oder ergänzt werden. So berechnest du den Flächeninhalt mit der Ergänzungsmethode:

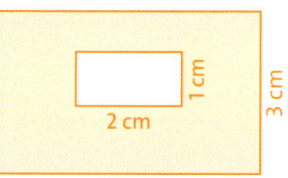

① Ergänze die Figur zu einem Rechteck.

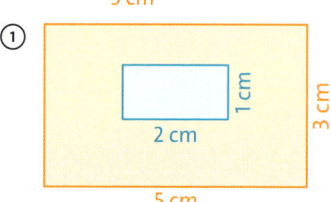

② Berechne 2-mal den Flächeninhalt:
   1. großes Rechteck
   2. ergänztes Rechteck

② 1. $A = 5 \cdot 3$
$A = 15$
$A = 15\ cm^2$

2. $A = 2 \cdot 1$
$A = 2$
$A = 2\ cm^2$

③ Subtrahiere (–) die Flächeninhalte:

| großes Rechteck | – | ergänztes Rechteck |

③ $A = 15 - 2$
$A = 13$
$A = 13\ cm^2$

---

1 Wie groß ist der Flächeninhalt? Ergänze zu einem Rechteck und berechne.

a)

6 cm 3 cm
5 cm
6 cm
9 cm

b)

3 cm
7 cm
10 cm
10 cm

c)

6 cm
3 cm
11 cm
8 cm

d)

6 cm
2 cm
6 cm
12 cm

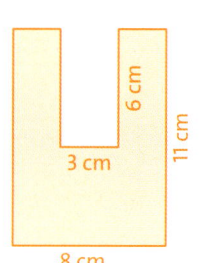

Lösungen

1 a) $A = 99 - 15$
$A = 84\ cm^2$

b) $A = 100 - 21$
$A = 79\ cm^2$

c) $A = 88 - 18$
$A = 70\ cm^2$

d) $A = 72 - 12$
$A = 60\ cm^2$

Teste dich!

1 Übertrage das Kreismuster ins Heft.
Gib Durchmesser und Radius der Kreise an.

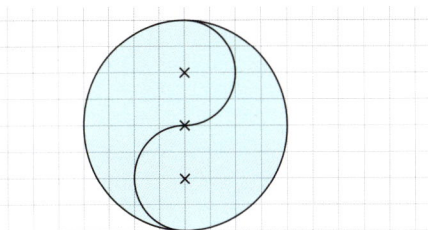

1 Übertrage das Kreismuster ins Heft.
Gib Durchmesser und Radius der Kreise an.

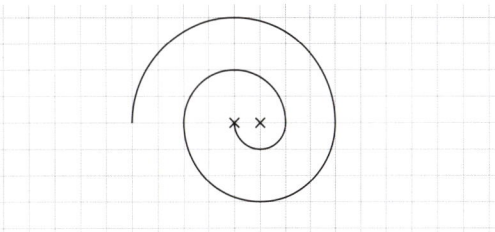

2 Welcher Winkel ist der größte, welcher der kleinste? Begründe mithilfe der Winkelarten.
a) Schätze die Winkelgrößen.
b) Miss die Winkel.

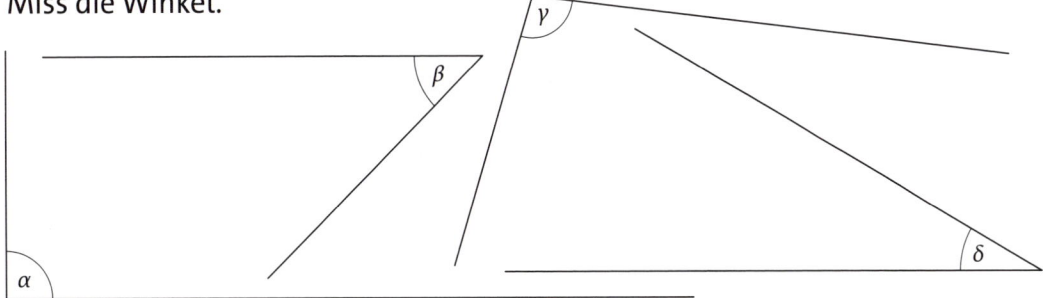

3 Zeichne die Winkel und beschrifte sie.
a) $\alpha = 115°$ b) $\beta = 40°$ c) $\gamma = 105°$

3 Zeichne die Winkel und beschrifte sie.
a) $\alpha = 154°$ b) $\beta = 12°$ c) $\gamma = 215°$

4 Wie groß ist der Winkel α?
Zeichne und miss die Winkelgröße.

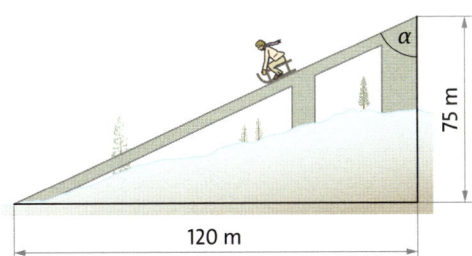

4 Wie groß muss der Winkel α sein,
damit Sina das ganze Bild erleuchten kann?

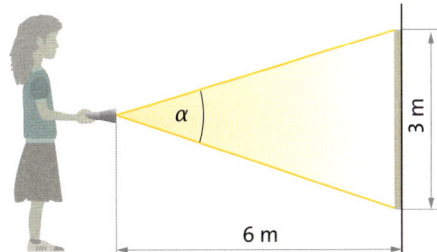

Checkliste

Nr.	mathematische Fähigkeit (Kompetenz)	😊	😐	☹️	Hast du etwas falsch gemacht? Wo lag dein Fehler?	Hier kannst du dich verbessern.
1	Ich kann Kreise übertragen und Radius und Durchmesser bestimmen.					S. 81–83
2	Ich kann Winkel schätzen und messen und Winkelarten bestimmen.					S. 84–85
3	Ich kann Winkel zeichnen und beschriften.					S. 86
4	Ich kann bei Sachaufgaben Winkel messen und zeichnen.					S. 84–86

Kreise mit einem Zirkel zeichnen

So zeichnet man Kreise mit einem Zirkel:

① Größe einstellen

am Einstellrad

Je größer der Abstand, desto größer der Kreis.

② beim Mittelpunkt einstechen

mit der Spitze

Bleistiftmine aufsetzen

③ Kreis zeichnen

mit den Fingern am Griff vorsichtig drehen

④ Kreis beschriften

Der Mittelpunkt M ist da, wo man die Spitze eingestochen hat.

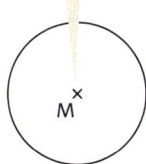

1 Stelle den Zirkel auf 2 cm Abstand ein. Zeichne um jeden Punkt einen Kreis.

Lösungen

1

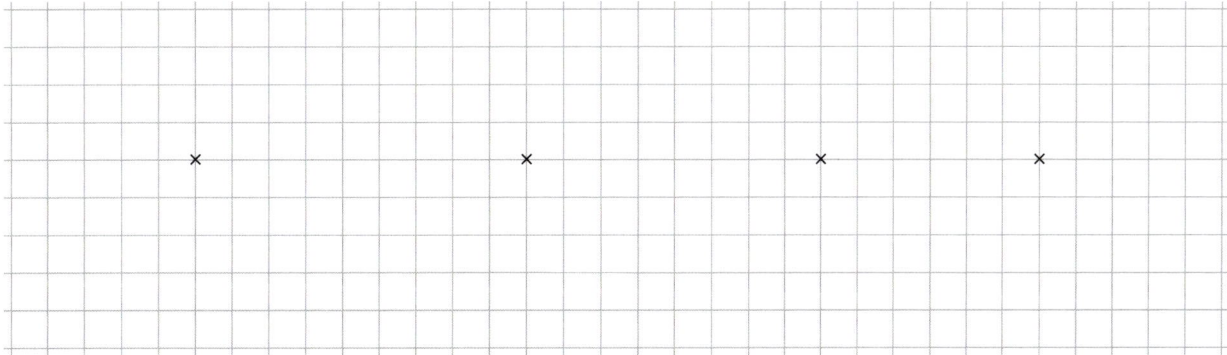

Tipp Überprüfe deine Zeichnung so:
- Sind alle Kreise rund?
- Haben der 1. und der 2. Kreis ein Kästchen Abstand?
- Berühren sich der 2. und der 3. Kreis?
- Liegen der 3. und der 4. Kreis übereinander?

Radius und Durchmesser berechnen (2 Seiten)

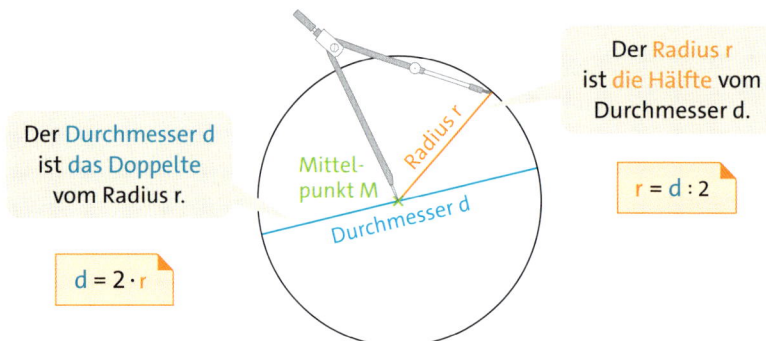

Der Durchmesser d ist das Doppelte vom Radius r.

$d = 2 \cdot r$

Der Radius r ist die Hälfte vom Durchmesser d.

$r = d : 2$

Mittelpunkt M

Radius r

Durchmesser d

So berechnest du den Durchmesser d:	a) r = 4 cm	b) r = 2,5 cm
① Schreibe die Formel auf.	① d = 2 · r	① d = 2 · r
② Setze r ein.	② d = 2 · 4	② d = 2 · 2,5
Rechne ohne Einheiten.	= 8	= 5
③ Ergänze die Einheit.	③ d = 8 cm	③ d = 5 cm

So berechnest du den Radius r:	c) d = 6 cm	d) d = 7 cm
① Schreibe die Formel auf.	① r = d : 2	① r = d : 2
② Setze d ein.	② r = 6 : 2	② r = 7 : 2
Rechne ohne Einheiten.	= 3	= 3,5
③ Ergänze die Einheit.	③ r = 3 cm	③ r = 3,5 cm

1 Berechne den fehlenden Wert.

a) r = 5 cm, d = ▦   b) r = 6,5 cm, d = ▦   c) d = 12 cm, r = ▦   d) d = 26 cm, r = ▦

2 Wie groß ist der Durchmesser d?
Miss den Radius und berechne.

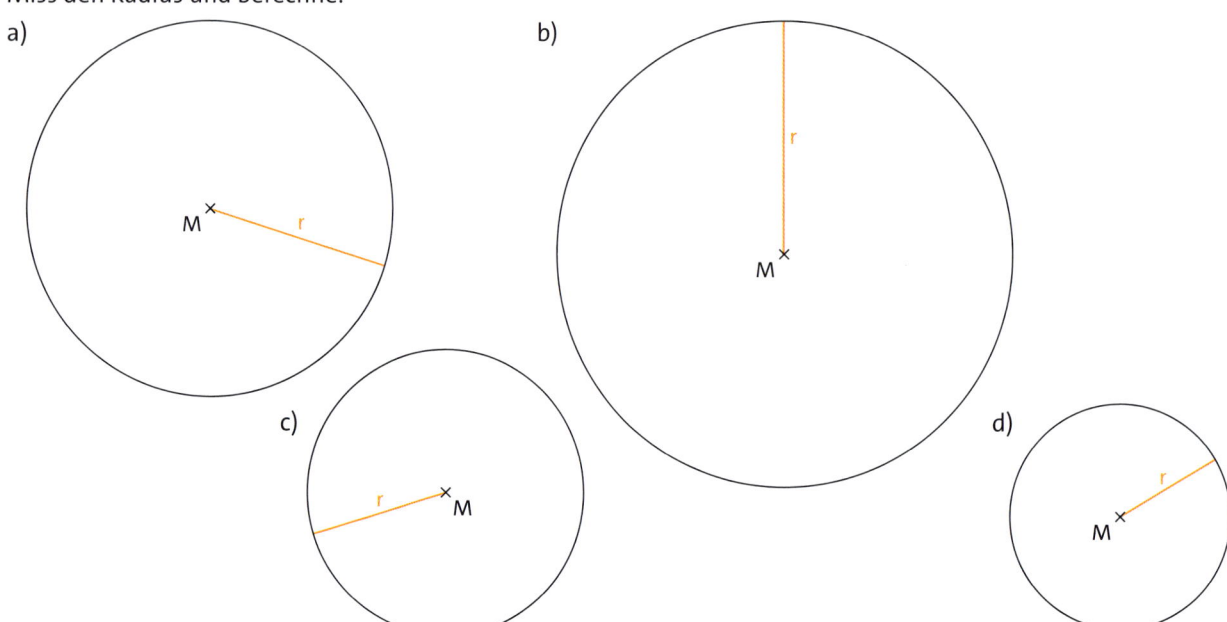

a)

b)

c)

d)

3 Zeichne einen Kreis.
Berechne den Radius r und stelle ihn am Zirkel ein.
a) d = 6 cm   b) d = 7 cm   c) d = 4 cm   d) d = 5 cm

Lösungen

1 a) d = 10 cm   b) d = 13 cm   c) r = 6 cm   d) r = 13 cm

2 a) d = 5 cm   b) d = 6,2 cm   c) d = 3,8 cm   d) d = 3 cm

3

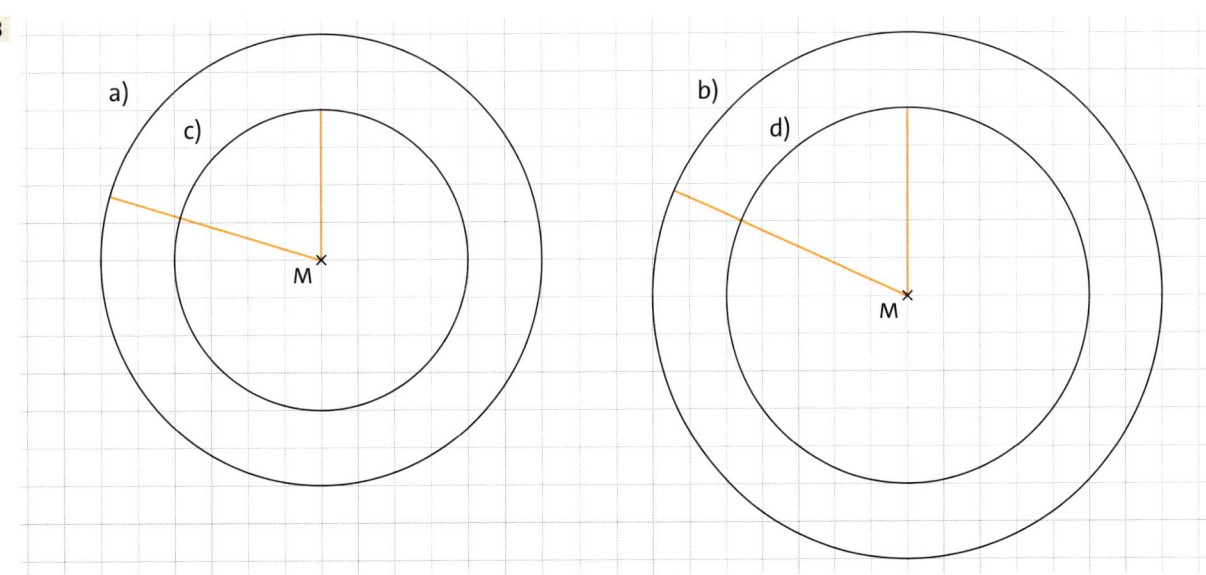

Winkelarten unterscheiden

So kannst du Winkelarten unterscheiden und benennen.

spitzer Winkel	rechter Winkel	stumpfer Winkel	gestreckter Winkel	überstumpfer Winkel	Vollwinkel

größer als 0°, aber kleiner als 90°	genau 90°	größer als 90°, aber kleiner als 180°	genau 180°	größer als 180°, aber kleiner als 360°	genau 360°

1 Welche Winkelart ist es?

a)   b)   c)   d)   e)   f)

   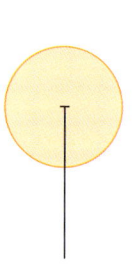 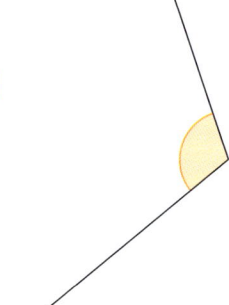

2 Wie heißt die Winkelart?

Tipp Ein Winkel mit 0° heißt Nullwinkel.

a) 70°   b) 180°   c) 360°   d) 280°
e) 90°   f) 0°   g) 150°   h) 222°

Lösungen

1 a) spitzer Winkel   b) gestreckter Winkel   c) überstumpfer Winkel
     d) rechter Winkel   e) Vollwinkel   f) stumpfer Winkel

2 a) spitzer Winkel   b) gestreckter Winkel   c) Vollwinkel   d) überstumpfer Winkel
     e) rechter Winkel   f) Nullwinkel   g) stumpfer Winkel   h) überstumpfer Winkel

Winkel messen

So misst du die Winkelgröße:

① Lege das Geodreieck an:
  – Nullpunkt an Scheitelpunkt
  – Kante am 1. Schenkel

> Wenn der zweite Schenkel zum Ablesen zu kurz ist, verlängere ihn mit einem Bleistift.

② Lies die Winkelgröße ab:
  Wähle die Skala, die am 1. Schenkel beginnt.

> Der Winkel ist 125° groß.

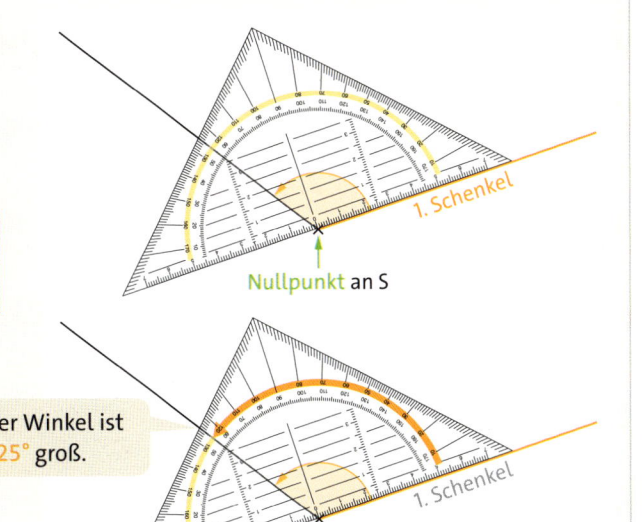

1 Wie groß ist der Winkel?

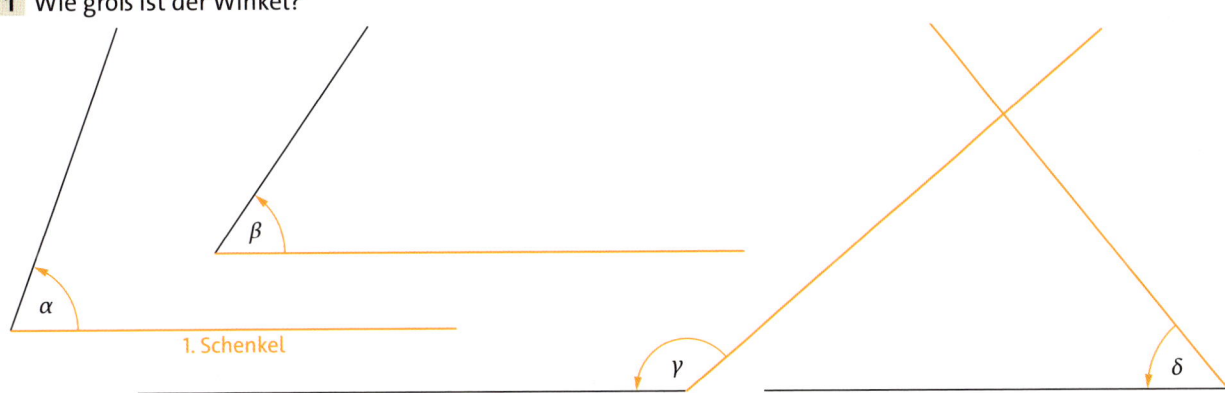

2 Miss die Winkelgröße.

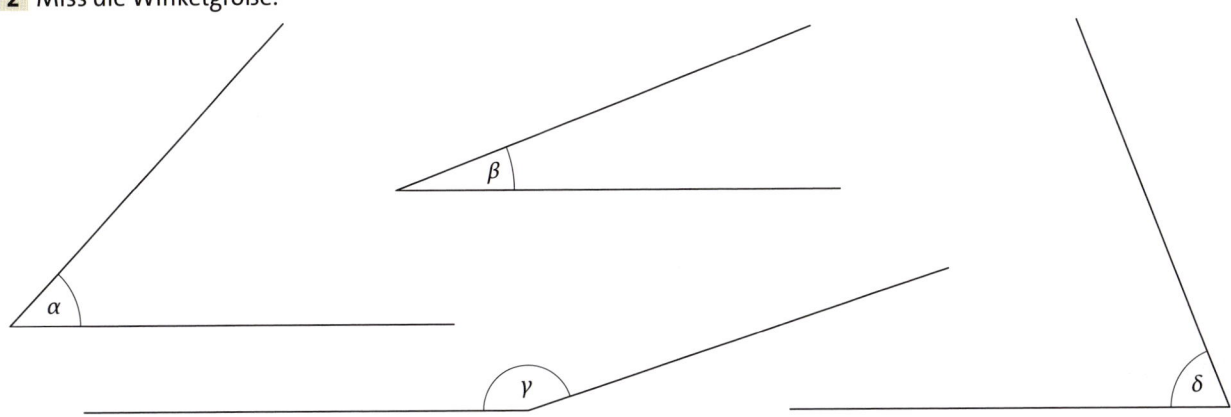

Lösungen

1 α = 70°   β = 55°   γ = 140°   δ = 50°

2 α = 47°   β = 21°   γ = 162°   δ = 68°

Winkel mit dem Markierungsverfahren zeichnen

So zeichnest du einen Winkel α = 60° mit dem Geodreieck:

① Zeichne den Scheitelpunkt S und den 1. Schenkel.

② Lege das Geodreieck an:
- mit dem Nullpunkt an den Scheitelpunkt und
- mit der Kante an den 1. Schenkel.

③ Markiere die Winkelgröße:
Wähle die Skala, die beim 1. Schenkel beginnt.

④ Zeichne den 2. Schenkel.

⑤ Beschrifte den Winkel:
- mit griechischen Buchstaben: α, β, γ, δ, ε, ...oder
- mit der Winkelgröße

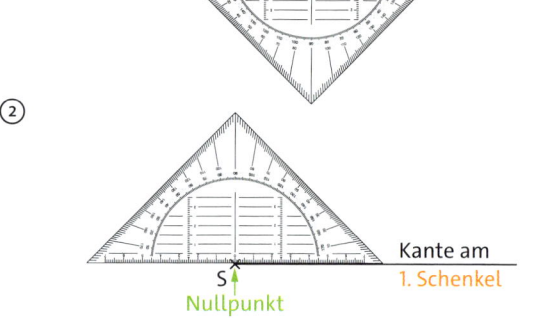

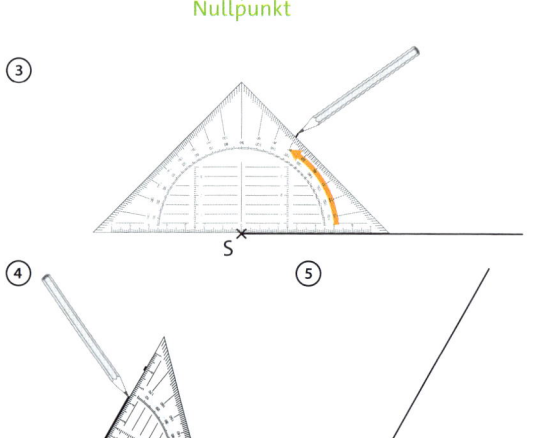

1 Zeichne den Winkel mit dem Geodreieck.

a) 70°   b) 55°   c) 135°   d) 150°

Lösungen

1 a)

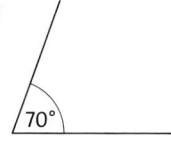

b)

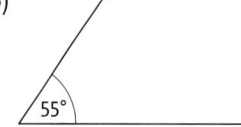

c)

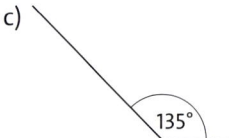

d)

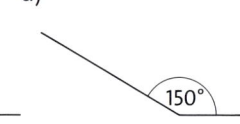

Teste dich!

1 Welcher Anteil ist orange, welcher blau?

a)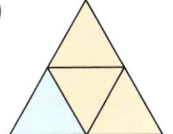
b)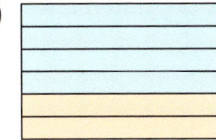

c)
d)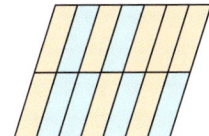

2 Übertrage die Figuren ins Heft.
Male den Anteil bunt.

a) $\frac{2}{3}$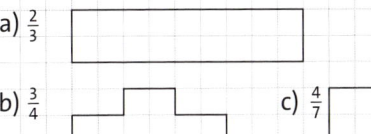

b) $\frac{3}{4}$    c) $\frac{4}{7}$

3 Pizza teilen

a) Wie viele Pizzen sind das?
   Schreibe als Bruch.
b) 4 Kinder teilen sich die Pizzen.
   Wie viele Stücke bekommt jeder?
   Schreibe als Bruch.

4 Berechne die Größen.

a) $\frac{3}{7}$ von 56 €

b) $\frac{3}{4}$ von 1 kg

c) $\frac{2}{5}$ km

d) $\frac{7}{10}$ von 6 dm

5 Thea sagt: „Ich habe hier die Hälfte
der Figur ausgemalt."
Stimmt das? Begründe deine Antwort.

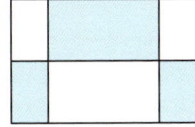

---

1 Welcher Anteil ist orange, welcher lila?

a)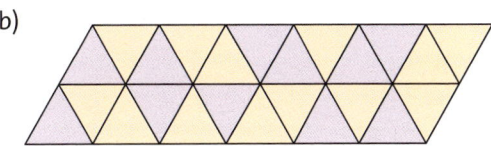

b)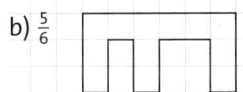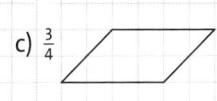

2 Übertrage die Figuren ins Heft.
Male den Anteil bunt.

a) $\frac{4}{7}$

b) $\frac{5}{6}$    c) $\frac{3}{4}$

3 Pizza teilen

a) 6 Kinder wollen sich die Pizzen teilen.
   Wie sollen sie schneiden?
b) Wie viel Pizza bekommt jeder, wenn die
   Kinder zu dritt sind?
   Schreibe als Bruch.

4 Berechne die Größen.

a) $\frac{4}{7}$ von 42 €

b) $\frac{3}{5}$ km

c) $\frac{7}{8}$ t

d) $\frac{5}{12}$ von 6 kg

5 Kim sagt: „Ich habe hier ein Viertel der
Figur ausgemalt."
Stimmt das? Begründe deine Antwort.

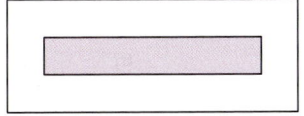

Checkliste

Nr.	mathematische Fähigkeit (Kompetenz)	☺	☺	☹	Hast du etwas falsch gemacht? Wo lag dein Fehler?	Hier kannst du dich verbessern.
1	Ich kann Anteile in Figuren erkennen.					S. 89
2	Ich kann Figuren übertragen und Anteile färben.					S. 90
3	Ich kann Sachaufgaben zu gemischten Zahlen lösen.					S. 91
4	Ich kann Bruchteile von Größen berechnen.					S. 92
5	Ich kann Aussagen zu Bruchteilen begründen.					S. 89

Brüche erkennen

Ein Bruch besteht aus
Zähler, **Bruchstrich** und **Nenner**.

① Wie viele Teile sind gemeint?
   Schreibe die Zahl in den **Zähler**.

② Wie viele gleich große Teile gibt es?
   Schreibe die Zahl in den **Nenner**.

Der Nenner nennt, in wie viele Teile geteilt wurde.

$$\frac{\text{Zähler}}{\text{Nenner}}$$

Der Zähler zählt, wie viele Teile gemeint sind.

Es sind 3 Teile gemeint.

Es gibt 4 gleich große Teile.

$$\frac{3}{4}$$

Der Bruch heißt
drei Viertel.

---

1 Wie viele gleich große Teile gibt es?

a)

b)

c)

d)

2 Wie viele Teile sind gemeint?

a)
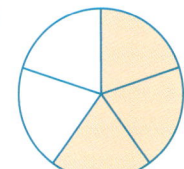

b)
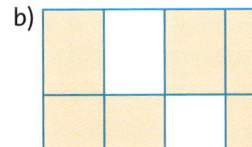

c)

d)
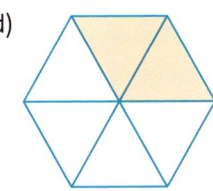

3 Was gehört zusammen? Ordne zu.

a) 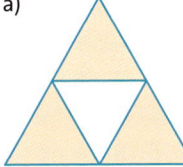 b) 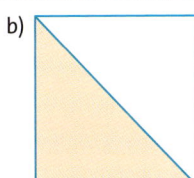 c)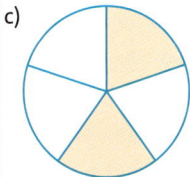

① $\frac{1}{2}$ Ⓐ zwei Fünftel
② $\frac{3}{4}$ Ⓑ ein Halb
③ $\frac{2}{5}$ Ⓒ drei Viertel

4 Wie heißt der Bruch?

a)
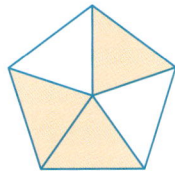

b)
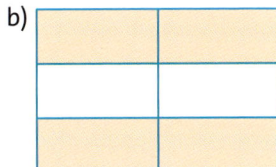

c)

d)
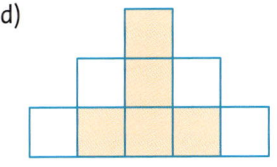

Lösungen

1 a) 5 b) 8 c) 3 d) 6

2 a) 3 b) 6 c) 1 d) 2

3 a) ② Ⓒ b) ① Ⓑ c) ③ Ⓐ

4 a) $\frac{3}{5}$ b) $\frac{4}{6}$ c) $\frac{5}{8}$ d) $\frac{5}{9}$

Brüche darstellen

In einem Rechteck mit 24 Kästchen kannst du leicht Brüche darstellen.

① Zeichne ein Rechteck:
   Länge 4 cm und Breite 1,5 cm.

② In wie viele gleich große Teile wird geteilt?
   Der Nenner gibt es an.

③ Wie viele Teile werden gefärbt?
   Der Zähler gibt es an.

$$\frac{\text{Zähler}}{\text{Nenner}}$$

a) Halbe
   → Färbe 1 Teil für $\frac{1}{2}$.
   → Färbe 2 Teile für $\frac{2}{2}$.

Teile die Länge durch 2.

Färbe 1 Teil.

$$\frac{1}{2}$$

b) Viertel
   → Färbe 1 Teil für $\frac{1}{4}$.
   → Färbe 2 Teile für $\frac{2}{4}$.
   → Färbe 3 Teile für $\frac{3}{4}$.
   → Färbe 4 Teile für $\frac{4}{4}$.

Teile die Länge durch 4.

Färbe 3 Teile.

$$\frac{3}{4}$$

c) Drittel
   → Färbe 1 Teil für $\frac{1}{3}$.
   → Färbe 2 Teile für $\frac{2}{3}$.
   → Färbe 3 Teile für $\frac{3}{3}$.

Teile die Breite durch 3.

Färbe 2 Teile.

$$\frac{2}{3}$$

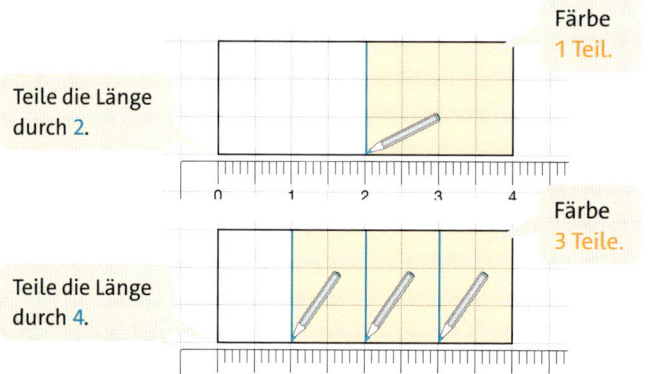
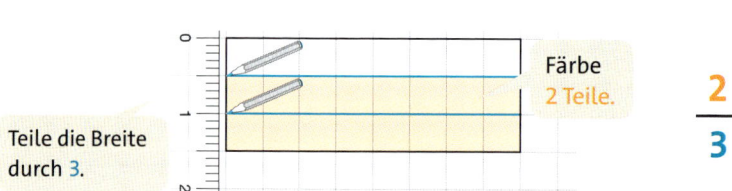

---

1 Stelle den Bruch dar.

a) $\frac{2}{4}$

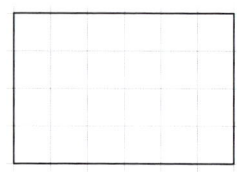

b) $\frac{2}{3}$

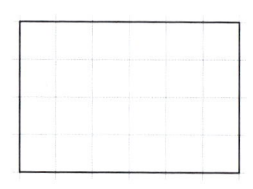

c) $\frac{2}{2}$

d) $\frac{4}{6}$

e) $\frac{8}{12}$

Lösungen

1 Das sind alles Beispiele.

a)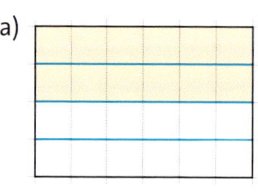

b)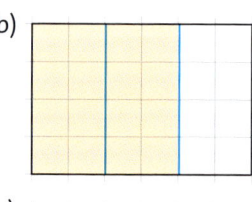

c)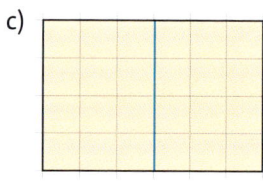

d)

e)

Gemischte Zahlen

Wenn der Zähler größer ist als der Nenner, dann ist es **mehr als ein Ganzes**.
Schreibe den Bruch um:

Ganze und Bruch

Das nennt man eine gemischte Zahl.

$$\frac{5}{2} \qquad 5 > 2$$

So schreibst du einen Bruch als gemischte Zahl:

① Bestimme die Ganzen:
Wie oft passt der Nenner in den Zähler?
Bleibt ein Rest?

② Bestimme den Bruch:
Schreibe den Rest in den Zähler.
Der Nenner bleibt gleich.

③ Schreibe Ganze und Bruch als gemischten Zahl.

① 2 passt 2-mal in 5.
Es sind also 2 Ganze.
Rest: 1

② $$\frac{1}{2}$$

③

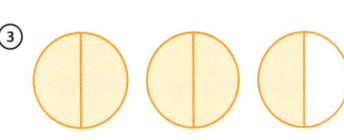

Denke dir hier ein +.

$2\frac{1}{2}$

---

1 Schreibe als Bruch und als gemischte Zahl.

a)    b)    c)    d)

2 Schreibe als gemischte Zahl.
Tipp Male die gemeinten Anteile aus.

a) $\frac{8}{5}$ b) $\frac{5}{3}$ c) $\frac{6}{4}$ d) $\frac{13}{8}$

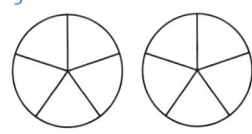   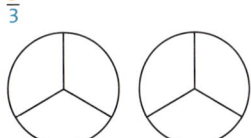   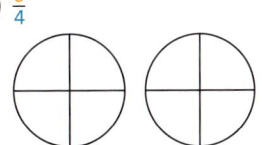   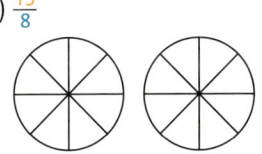

3 Schreibe als gemischte Zahl. Rechne wie im Beispiel oben.
Tipp Schreibe die Einmaleins-Reihe vom Nenner auf.

a) $\frac{14}{6}$ b) $\frac{17}{7}$ c) $\frac{35}{10}$ d) $\frac{26}{4}$

Lösungen

1 a) $\frac{3}{2} \rightarrow 1\frac{1}{2}$ b) $\frac{4}{3} \rightarrow 1\frac{1}{3}$ c) $\frac{7}{5} \rightarrow 1\frac{2}{5}$ d) $\frac{10}{6} \rightarrow 1\frac{4}{6}$

2 a) $1\frac{3}{5}$ b) $1\frac{2}{3}$ c) $1\frac{2}{4}$ d) $1\frac{5}{8}$

3 a) $2\frac{2}{6}$ b) $2\frac{3}{7}$ c) $3\frac{5}{10}$ d) $6\frac{2}{4}$

Anteile von Größen

So kannst du Anteile von Größen berechnen:

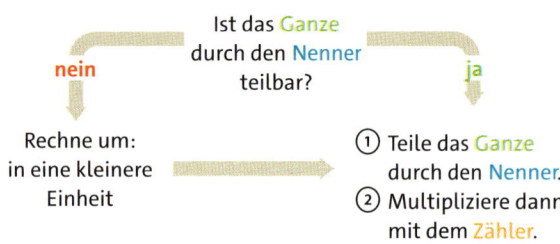

Wie viel sind $\frac{4}{5}$ von 10 €?

Rechne ohne Einheit.

Ergänze die Einheit.
$\frac{4}{5}$ von 10 € sind 8 €.

Umrechnung von Größen

Geld	1 € = 100 ct	**Gewicht**	1 kg = 1000 g
Länge	1 km = 1000 m		1 g = 1000 mg
	1 m = 100 cm	**Zeit**	1 h = 60 min
	1 cm = 10 mm		1 min = 60 s

1 Berechne den Anteil.

a) $\frac{3}{5}$ von 10 cm

b) $\frac{3}{10}$ von 40 min

c) $\frac{3}{4}$ von 80 €

d) $\frac{3}{8}$ von 24 kg

e) $\frac{2}{3}$ von 60 m

f) $\frac{5}{6}$ von 60 s

g) $\frac{5}{7}$ von 28 ct

h) $\frac{5}{8}$ von 1000 g

2 Wie viel ist das?

Tipp Rechne zuerst in eine kleinere Einheit um.

a) $\frac{2}{5}$ von 1 €

b) $\frac{3}{4}$ von 1 kg

c) $\frac{7}{10}$ von 1 m

d) $\frac{2}{3}$ von 1 h

e) $\frac{5}{6}$ von 3 cm

f) $\frac{4}{5}$ von 4 €

g) $\frac{4}{15}$ von 1 h

h) $\frac{78}{100}$ von 1 g

Lösungen

1
a) 6 cm
b) 12 min
c) 60 €
d) 9 kg
e) 40 m
f) 50 s
g) 20 ct
h) 625 g

2
a) 40 ct
b) 750 g
c) 70 cm
d) 40 min
e) 25 mm
f) 320 ct
g) 16 min
h) 780 mg

Teste dich!

1 Lieblingsmärchen:

Rapunzel, Froschkönig, Frau Holle, Sterntaler,
Froschkönig, Rapunzel, Rapunzel, Froschkönig,
Rapunzel, Froschkönig, Rapunzel, Froschkönig,
Froschkönig, Rapunzel, Froschkönig, Sterntaler

a) Übertrage und ergänze die Tabelle im Heft.

Märchen	Strichliste	Häufigkeit

b) Wie viele Kinder wurden befragt?

1 Ergebnis einer Umfrage zum Taschengeld:

weniger als 10 €: Paul, Daniel, Markus, Hanna, Anna
zwischen 10 € und 15 €: Sandra, Thilo, Jörg, Simon, Daniela, Lasse, Frank, Jürgen, Hannes
zwischen 15 € und 20 €: Leni, Janna, Jens
mehr als 20 €: Lisa, Lara, Claudia, Julia, Merle

Zeichne eine Tabelle mit Strichliste und Häufigkeit.
Trage die Ergebnisse ein.

2 Im Streichelzoo

① Körperlänge:

② Gewicht:

③ Anzahl der Babys:

④ Anzahl der Tiere:

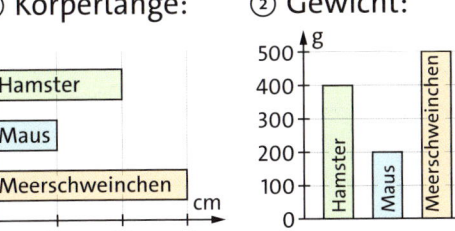

Ein Zeichen steht für 3 Babys.

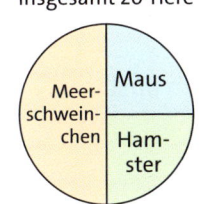

insgesamt 20 Tiere

a) Beschreibe die Diagramme: Welche Art von Diagramm ist das und worum geht es?
b) Welche Informationen bekommt man über den Hamster?

3 Frau Kühler hat eingekauft:

6 Orangen   10 Äpfel
3 Ananas   9 Bananen

Zeichne dazu ein Säulendiagramm ins Heft.

3 Herr Pele verkauft Gemüse:

92 Brokkoli   143 Paprika
89 Radieschen   96 Knoblauch

Runde und zeichne dazu ein Säulendiagramm.

4 Anzahl der Schläge beim Minigolf:
24; 60; 36; 44; 22; 48; 38; 0; 22; 5; 19
Bestimme die Kennwerte Minimum, Maximum und die Spannweite.

4 Gewicht von Paketen:
2850 g; 2750 g; 258 g; 2980 g;
3100 g; 2777 g; 2990 g; 2895 g
Bestimme die Kennwerte.

5 So alt werden die Tiere:
a) Welches Tier wird am ältesten?
b) Welches Tier lebt am kürzesten?
c) Welches Tier wird 5 Jahre älter als der Hai?
d) Welche Tiere werden älter als 35 Jahre?
e) Eine Mücke wird ungefähr 6 Wochen alt. Kann man das in das Diagramm einzeichnen? Begründe deine Antwort.
f) Petra addiert alle Daten. Macht das Sinn?

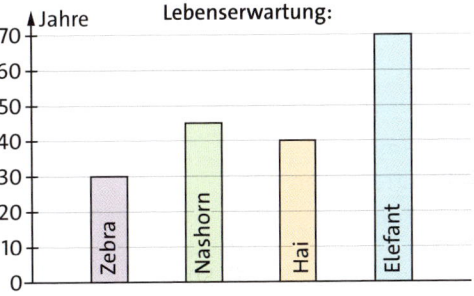

Checkliste

Nr.	mathematische Fähigkeit (Kompetenz)	☺	☺	☹	Hast du etwas falsch gemacht? Wo lag dein Fehler?	Hier kannst du dich verbessern.
1	Ich kann Strichlisten und Häufigkeitstabellen erstellen.					S. 95
2	Ich kann Diagrammarten erkennen und Informationen auslesen.					S. 96–97
3	Ich kann ein Säulendiagramm zeichnen.					S. 98–99
4	Ich kann Kennwerte von Daten aus einer Datenreihe bestimmen.					S. 100
5	Ich kann Fragen zu Säulendiagrammen beantworten.					S. 96 S. 101

Strichlisten mit Häufigkeitstabelle erstellen

Wenn du einen Fragebogen auswertest, kannst du
für jede Antwort einen Strich in einer Liste machen.
Zum Schluss zählst du die Striche.

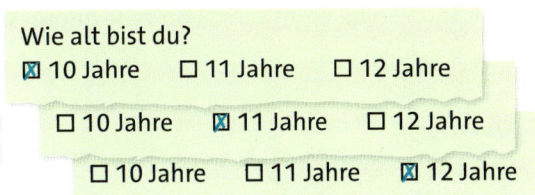

So erstellst du eine Strichliste mit
Häufigkeitstabelle:

Wie viele Spalten brauchst du?
— Wonach wurde gefragt?
— Strichliste
— Häufigkeit

① Wie viele Zeilen brauchst du?
　— 1. Zeile: Überschriften für die Spalten
　— für jede mögliche Antwort eine Zeile

② Wie oft wurde eine Antwort gegeben?
　Trage für jede Antwort einen Strich
　in die Strichliste ein.

③ Wie viele Striche hast du gemacht?
　Schreibe als Zahl in die Häufigkeitstabelle.

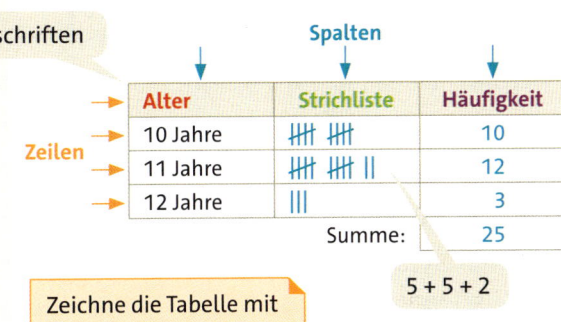

Alter	Strichliste	Häufigkeit
10 Jahre	✚✚ ✚✚	10
11 Jahre	✚✚ ✚✚ ‖	12
12 Jahre	⦀	3
	Summe:	25

5 + 5 + 2

Zeichne die Tabelle mit
Lineal und Bleistift.

Je **5 Striche** werden **gebündelt**.
Schreibe: ✚✚ statt ‖‖‖

---

1 Welches Instrument spielen die Kinder der Klasse 5c?
Erstelle eine Strichliste mit Häufigkeitstabelle.

Gitarre,	Trompete,	Gitarre,	Schlagzeug,	Trompete,	Klavier,
Flöte,	Schlagzeug,	Klavier,	Gitarre,	Gitarre,	Klavier,
Gitarre,	Gitarre,	Klavier,	Gitarre,	Klavier,	Schlagzeug

Lösungen

1

Instrument	Strichliste	Häufigkeit
Gitarre	✚✚ ‖	7
Trompete	‖	2
Schlagzeug	⦀	3
Klavier	✚✚	5
Flöte	‖	1
	Summe:	18

Säulendiagramm lesen (2 Seiten)

In einem Säulendiagramm kannst du viele Informationen ablesen.

So gehst du dabei vor.

Orientiere dich:
① Was ist dargestellt?
Lies die Überschrift.
② Was kann man an der Hochachse
ablesen, was an der Rechtsachse?
Welche Einheiten sind angegeben?

Was fällt dir auf?
③ Gibt es besondere Werte?
Welche Säule ist am größten,
welche am kleinsten?

Beantworte Fragen:
④ Wie hoch wird eine Birke?
Miss im Diagramm
mit einem Lineal.
⑤ Welche Bäume werden
größer als 30 m?

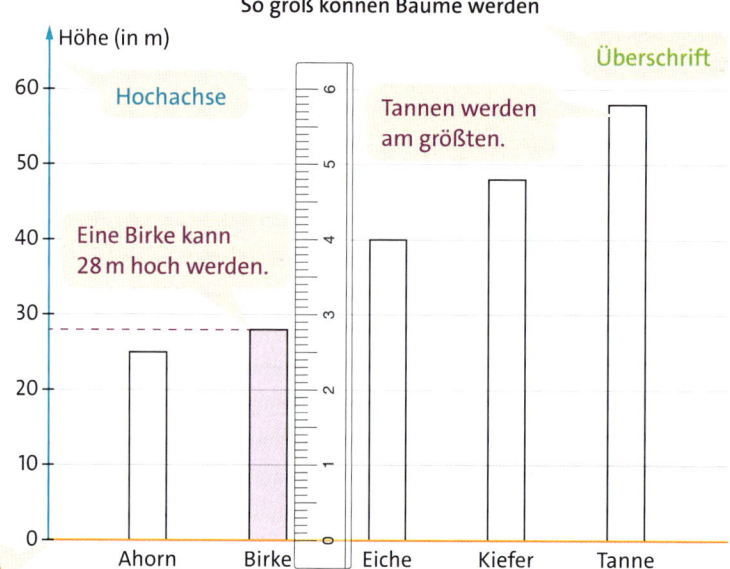

So groß können Bäume werden

① Das Diagramm zeigt, wie groß Bäume werden können.
② An der Rechtsachse stehen verschiedene Bäume.
An der Hochachse kann man ihre Höhe in Metern ablesen.
③ Ein Ahorn kann 25 m hoch werden, das ist die geringste Höhe.
Tannen werden am größten mit einer Höhe von 58 m.
④ Eine Birke kann 28 m hoch werden.
⑤ Eichen, Kiefern und Tannen werden größer als 30 m.

1 Was kannst du in dem Diagramm ablesen?

Welche Haustiere haben die Kinder in unserer Klasse?

(Säulendiagramm: Anzahl (y-Achse 0–9), Haustier (x-Achse): Hund 5, Katze 8, Fisch 2, Vogel 0, Hamster 3, Ratte 1, Meerschwein 4, Sonstige 2)

2 Beantworte die Fragen zum Diagramm aus Aufgabe 1.
a) Welches Tier haben die meisten Kinder?
b) Wie viele Kinder haben einen Hund?
c) Welches Tier haben die wenigsten Kinder?
d) Welches Tier haben vier Kinder?
e) Haben mehr Kinder eine Ratte als einen Fisch?

3 Ergänze die Tabelle zum Diagramm.

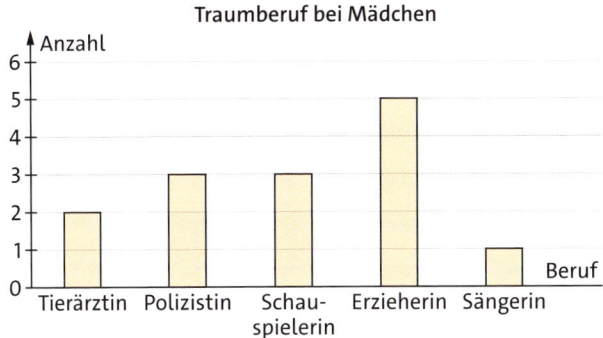

Traumberuf bei Mädchen

Beruf	Anzahl
Tierärztin	
Polizistin	

4 Beantworte die Fragen zum Diagramm.

a) Welcher Beruf wurde am häufigsten genannt?
Wie oft war das?

b) Welcher Beruf wurde am seltensten genannt?
Wie oft war das?

c) Welcher Beruf wurde 3-mal genannt?

d) Welche beiden Berufe wurden häufiger als Polizist genannt?

e) Wie viele Jungen wurden befragt?

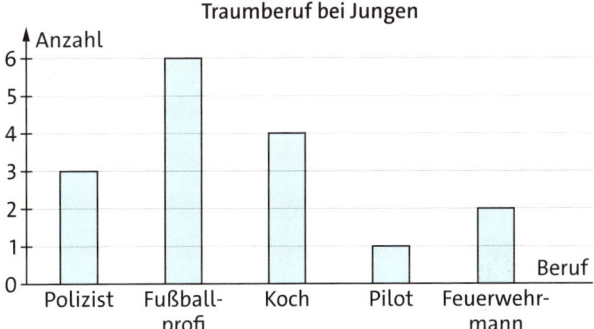

Traumberuf bei Jungen

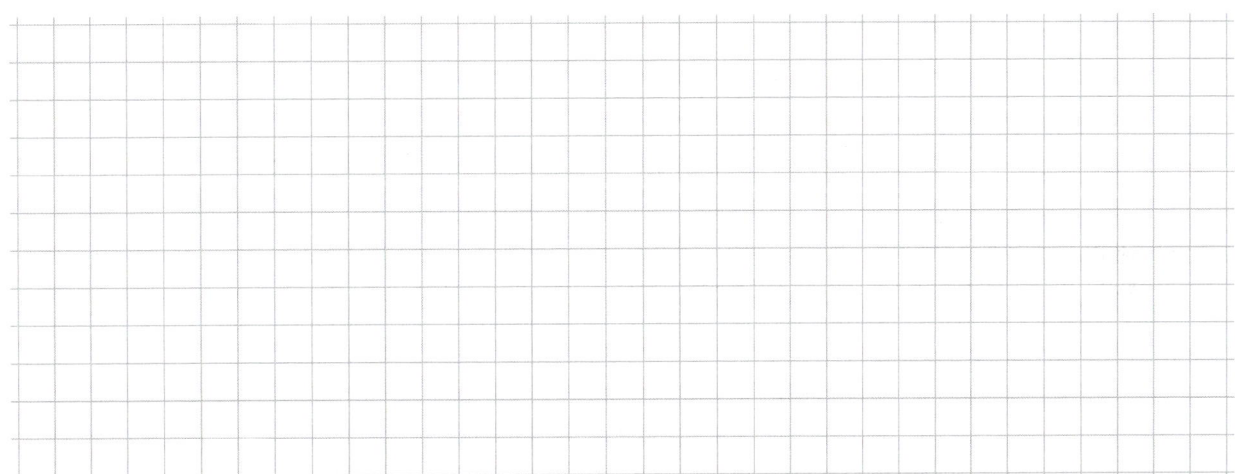

Lösungen

1 Das Diagramm zeigt, welche Haustiere die Kinder in der Klasse haben. An der Rechtsachse kann man das Haustier ablesen und an der Hochachse, wie viele Kinder dieses Haustier haben.

2 a) Katze   b) 5 Kinder   c) Vogel   d) Meerschwein   e) nein

3

Beruf	Anzahl
Tierärztin	2
Polizistin	3
Schauspielerin	3
Erzieherin	5
Sängerin	1

4 a) Fußballprofi, 6-mal
b) Pilot, 1-mal
c) Polizist
d) Koch und Fußballprofi
e) Es wurden 16 Jungen befragt.

Säulendiagramm zeichnen (2 Seiten)

Die Kinder haben gezählt, wie oft eine
Haarfarbe in der Klasse vorkommt.
Sie haben die Daten in eine Tabelle
geschrieben.

So zeichnest du zur Tabelle ein Säulendiagramm.

① Überschrift:
Was kann man im Diagramm ablesen?

② Hochachse:
– Wie groß ist der größte Wert?
– Teile in gleichen Abständen ein.
– Name?

③ Rechtsachse:
– Wie viele Säulen brauchst du?
– Name?

④ Säulen:
– Wie lang sind die Säulen?
– Name?

Einteilung:
1 Kästchen ist
1 Schritt.

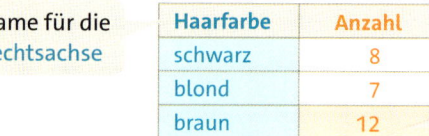

Name für die Rechtsachse

Haarfarbe	Anzahl
schwarz	8
blond	7
braun	12
rot	2

Name für die Hochachse

der größte Wert auf der Hochachse

Name der Säulen   Länge der Säulen

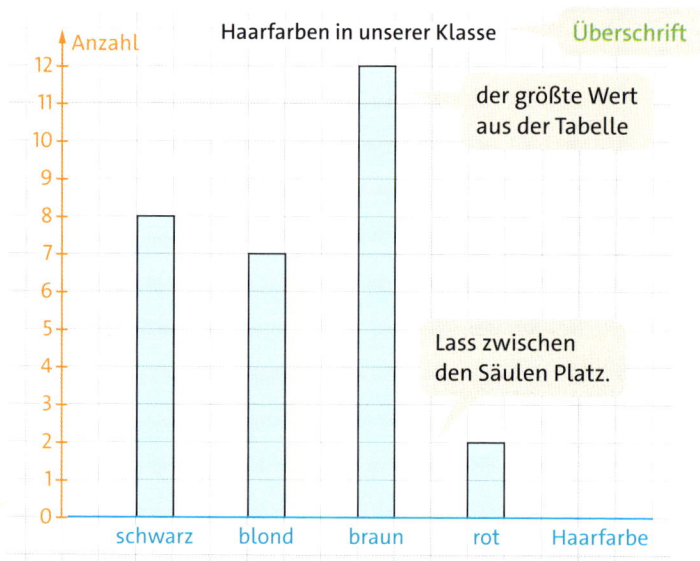

Haarfarben in unserer Klasse — Überschrift

der größte Wert aus der Tabelle

Lass zwischen den Säulen Platz.

1 Vervollständige das Säulendiagramm.
Wie könnte die Überschrift heißen?
Wie beschriftest du die Achsen?

So viele Medaillen hat Spanien
bei Olympia gewonnen.

Medaille	Anzahl
Gold	7
Silber	4
Bronze	6

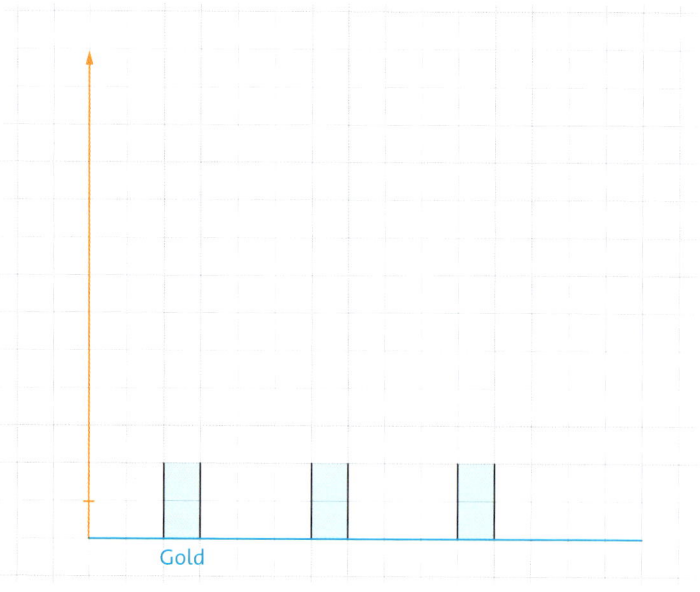

Gold

2 Buchstaben im Text

Zeichne zur Tabelle ein Säulendiagramm.

Tipp 1 Kästchen steht für 2.

Buchstaben	Anzahl
A	9
E	24
I	19
O	7
U	6

Lösungen

1

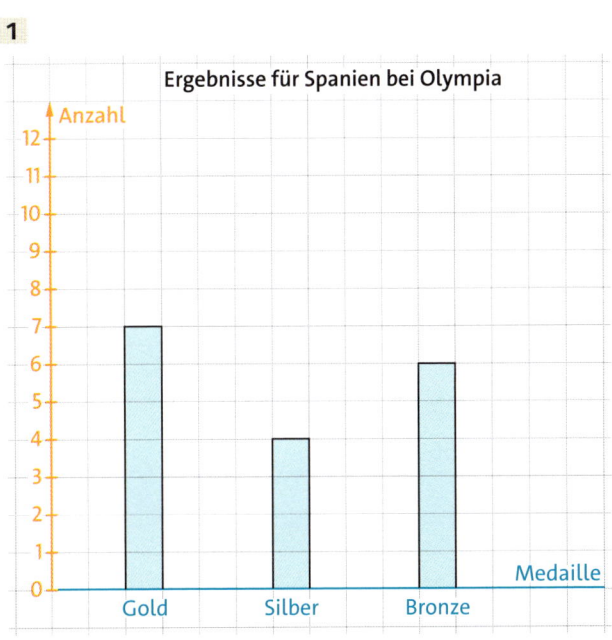

Ergebnisse für Spanien bei Olympia

2

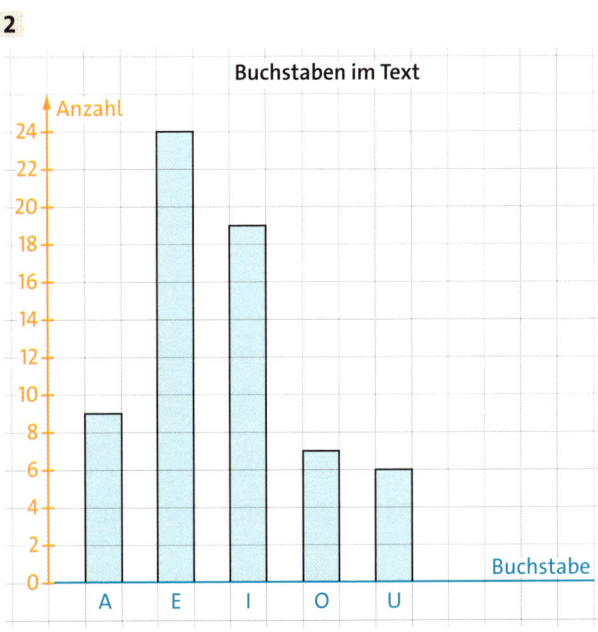

Buchstaben im Text

Minimum, Maximum und Spannweite bei einer Datenreihe

Die Kinder haben Gummibärchen nach Farben
sortiert und gezählt.

Farbe	Anzahl
gelb	9
orange	6
grün	4
weiß	2
rot	5

So bestimmst du die **Kennwerte** der Datenreihe:

① Maximum:
   Welcher ist der größte Wert?

② Minimum:
   Welcher ist der kleinste Wert?

③ Spannweite:
   Wie weit liegen Maximum und Minimum
   auseinander?
   Spannweite = Maximum − Minimum

ungeordnet: 9   6   4   2   5

Ordne die Anzahl: beginne bei der kleinsten Zahl.

geordnet: 2   4   5   6   9

Minimum   Maximum

$9 - 2 = 7$

Die Spannweite ist 7.

---

1 Gib Maximum und Minimum an.
Berechne die Spannweite.

a)

Note	Anzahl
1	3
2	5
3	12
4	7
5	2
6	0

b)

Sportart	Gewicht in g
Handball	325
Fußball	410
Volleyball	260
Tischtennis	3
Basketball	567
Tennis	57

Rechne ohne Einheit.
Ergänze die Einheit
im Antwortsatz.

2 Sortiere die Zahlen von klein nach groß. Gib Maximum und Minimum an.
Berechne die Spannweite.

a)

4	7	9	12	5	10	11	13	6	5	8	10	7	14	9

b)

24	56	13	71	44	85	144	39	42	104	99	129	65	121	17

Lösungen

1 a) Maximum: 12; Minimum: 0; Spannweite: $12 - 0 = 12$
   b) Maximum: 567 g; Minimum: 3 g; Spannweite: $567 - 3 = 564$; also 564 g

2 a) geordnete Datenreihe: 4; 5; 5; 6; 7; 7; 8; 9; 10; 10; 11; 12; 13; 14
      Spannweite: $14 - 4 = 10$
   b) geordnete Datenreihe: 13; 17; 24; 39; 42; 44; 56; 65; 71; 99; 104; 121; 129; 144
      Spannweite: $144 - 13 = 131$

Minimum, Maximum und Spannweite bei einem Säulendiagramm

Die Kinder haben Gummibärchen nach Farben sortiert und gezählt.

So bestimmst du die **Kennwerte**:

① Maximum (größter Wert):
Wie hoch ist die größte Säule?

② Minimum (kleinster Wert):
Wie hoch ist die kleinste Säule?

③ Spannweite:
Wie weit liegen Maximum und Minimum auseinander?

Spannweite = Maximum – Minimum

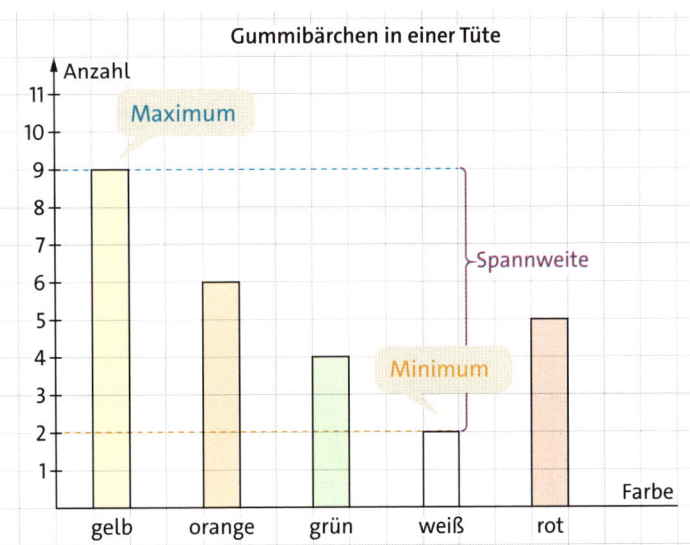

Spannweite = Maximum – Minimum
             9   2
Die Spannweite ist 7.
Also waren in der Tüte 7 gelbe Gummibärchen mehr als weiße.

1 Lies Maximum und Minimum ab. Berechne die Spannweite.

a)
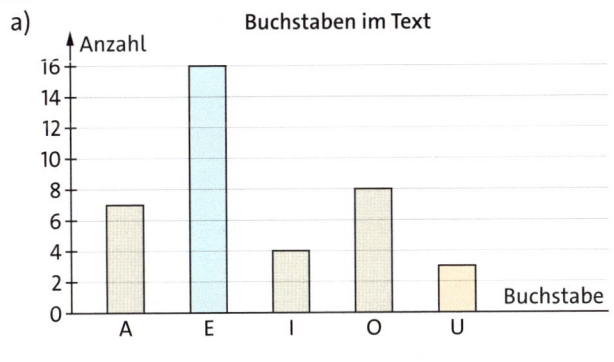

b)
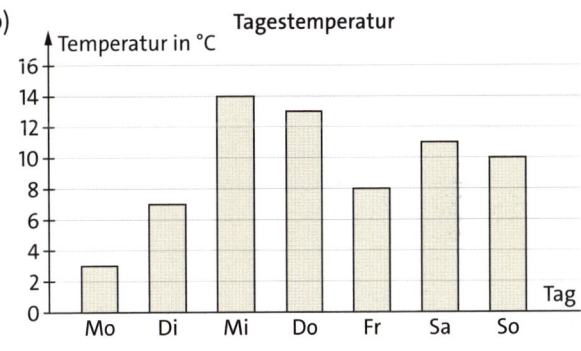

Lösungen

1 a) Maximum: 16; Minimum: 3; Spannweite: 16 – 3 = 13; Die Spannweite ist 13.
   b) Maximum: 14 °C; Minimum: 3 °C; Spannweite: 14 – 3 = 11; Die Spannweite ist 11 °C.

Natürliche Zahlen Teste dich!

1 a) A = 20; B = 140; C = 220
b) A = 2500; B = 15000; C = 25000
c)

	Vorgänger	Zahl	Nachfolger
A	19	20	21
B	139	140	141
C	219	220	221
D	2499	2500	2501
E	14999	15000	15001
F	24999	25000	25001

a) +20 → 0 A   B   C   100
b) +2500 → 0 D   E   F   10000

c)

Vorgänger	Zahl	Nachfolger
−1	Zahl	+1

Vergleiche die Zahlen stellenweise.
Beginne links bei der **größten Stelle**: erst Tausender, dann Hunderter, Zehner und dann Einer.

2 a) 778 < 787 < 788 < 878 < 887
kleinste Zahl ← Zahlen werden größer → größte Zahl
787   788   778   878   887
b) 2043 < 2340 < 2403 < 3240 < 3422
kleinste Zahl ← Zahlen werden größer → größte Zahl
2043   2340   3442   3240   3422

3 a) Zahlenstrahl 0–8000
a) 2 Kästchen sind 4 Schritte.
b) 2 Kästchen sind 1000 Schritte.

4

ZM	M	HT	ZT	T	H	Z	E
a)						0	6
b)	1	6	7	0	5	4	1	2

45006
16705412

fünfundvierzigtausend|sechs
sechzehn **Millionen**|
siebenhundertfünftausend|vierhundertzwölf

5 a) auf Zehner: 3298 ≈ 3300;   15872 ≈ 15870
b) auf Hunderter: 3298 ≈ 3300;   15872 ≈ 15900
c) auf Tausender: 3298 ≈ 3000;   15872 ≈ 16000
b) 9905 ≈ 9910   d) 9876 ≈ 9880
b) 9905 ≈ 9900   d) 9876 ≈ 9900
b) 9905 ≈ 10000 d) 9876 ≈ 10000

Bei 0; 1; 2; 3; 4 abrunden.
Bei 5; 6; 7; 8; 9 aufrunden.

6 a) Anne hat auf Hunderter gerundet:
950 ≈ 1000   1215 ≈ 1200
1018 ≈ 1000   982 ≈ 1000
Deswegen sehen die Berge Wasserkuppe, Auersberg und Großer Beerberg im Schaubild gleich hoch aus.
b) z. B. auf Zehner:
Wasserkuppe: 950 ≈ 950   Fichtelberg: 1215 ≈ 1220
Auersberg: 1019 ≈ 1020   Großer Beerberg: 982 ≈ 980

a) **Hilfsfragen:**
① Auf welche Stelle hat Anne gerundet?
② Hat Anne richtig gerundet?
③ Warum sieht man die unterschiedlichen Höhen im Schaubild nicht?
b) Wenn man auf Zehner rundet, sieht man, dass die Berge unterschiedlich hoch sind.

Natürliche Zahlen Teste dich!

1 a) A = 20; B = 120; C = 180
b) D = 500; E = 1250; F = 2750
c)

	Vorgänger	Zahl	Nachfolger
A	19	20	21
B	119	120	121
C	179	180	181
D	499	500	501
E	1249	1250	1251
F	2749	2750	2751

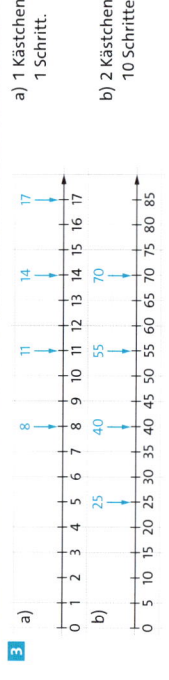

a) +20 → 0 A   B   C   100   200
b) +250 → 0   D   E   F   1000   2000

c)

Vorgänger	Zahl	Nachfolger
−1	Zahl	+1

Vergleiche die Zahlen stellenweise.
Beginne links bei der **größten Stelle**: erst Tausender, dann Hunderter, Zehner und dann Einer.

2 a) 379 < 397 < 793 < 937
kleinste Zahl ← Zahlen werden größer → größte Zahl
937   793   397
b) 2570 < 2571 < 2751 < 2754
kleinste Zahl ← Zahlen werden größer → größte Zahl
2570   2751   2754

3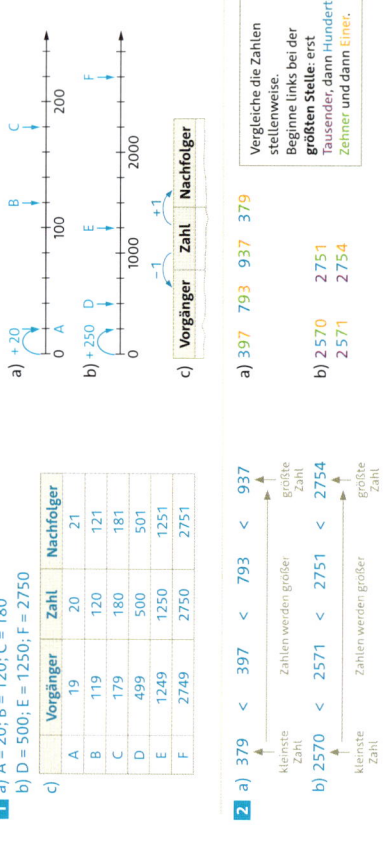
a) 1 Kästchen ist 1 Schritt.
b) 2 Kästchen sind 10 Schritte.

4

M	HT	ZT	T	H	Z	E
a)			4	3	1	0
b)		2	0	8	0	0	4
c)	6	0	0	8	0	0	7

4310
208004
6008007

viertausend|dreihundertzehn
zweihundertachttausend|vier
sechs **Millionen**|achttausend|sieben

5 a) auf Zehner: 56 ≈ 60   482 ≈ 480   3975 ≈ 3980
b) auf Hunderter: 348 ≈ 300   555 ≈ 600   9821 ≈ 9800
c) auf Tausender: 4871 ≈ 5000   9578 ≈ 10000   73098 ≈ 73000

Bei 0; 1; 2; 3; 4 abrunden.
Bei 5; 6; 7; 8; 9 aufrunden.

6 a) Anne hat auf Hunderter gerundet:
950 ≈ 1000   1215 ≈ 1200
1018 ≈ 1000   982 ≈ 1000
Deswegen sehen die Berge Wasserkuppe, Auersberg und Großer Beerberg im Schaubild gleich hoch aus.
b) z. B. auf Zehner:
Wasserkuppe: 950 ≈ 950   Fichtelberg: 1215 ≈ 1220
Auersberg: 1019 ≈ 1020   Großer Beerberg: 982 ≈ 980

a) **Hilfsfragen:**
① Auf welche Stelle hat Anne gerundet?
② Hat Anne richtig gerundet?
③ Warum sieht man die unterschiedlichen Höhen im Schaubild nicht?
b) Wenn man auf Zehner rundet, sieht man, dass die Berge unterschiedlich hoch sind.

Addition und Subtraktion Teste dich!

1 a) 227
b) 36
c) 656
d) 346

a) 1 7 6 + 5 1 =
1 7 6 + 5 0 = 2 2 6
2 2 6 + 1 = 2 2 7

b) 6 4 − 2 8 =
6 4 − 2 0 = 4 4
4 4 − 8 = 3 6

c) 5 8 2 + 7 4 =
5 8 2 + 7 0 = 6 5 2
6 5 2 + 4 = 6 5 6

d) 3 9 5 − 4 9 =
3 9 5 − 4 0 = 3 5 5
3 5 5 − 9 = 3 4 6

Du kannst aber auch im Kopf rechnen: mit der Strategie „in Schritten rechnen“ oder „mehr rechnen“.

2 a) 48
b) 747
c) 1172

a) 23 + 18 + 7
= 23 + 7 + 18
= 30 + 18 = 48

b) 592 + 37 + 118
= 592 + 118 + 37
= 710 + 37 = 747

c) 545 + 172 + 455
= 545 + 455 + 172
= 1000 + 172 = 1172

3 a) 74
b) 114
c) 442
d) 21

a) (13 + 57) + 4
= 70 + 4 = 74

b) 64 + (4 + 46)
= 64 + 50 = 114

c) (172 + 28) + 242
= 200 + 242 = 442

d) 97 − 63 − 13
= 34 − 13 = 21

Bei d) darf man keine Klammern setzen, weil das Verbindungsgesetz bei der Subtraktion nicht gilt.

4 a) 852
b) 219
c) 166

a) (632 − 489) + 709 = 143 + 709 = 852
b) 442 − (951 − 728) = 442 − 223 = 219
c) 853 − (572 + 142) + 27 = 853 − 714 + 27 = 166

Berechne immer zuerst die Klammern. Dann von links nach rechts.

5 a) 1122
b) 8100
c) 24 330
d) 8996

a)
```
    8 5 4
  + 2 6 8
    1 1 1
  -------
  1 1 2 2
```
Überschlag: ≈ 850 + 270 = 1120 ✓

b)
```
  7 5 5 6
+   5 4 4
    1 1 1
  -------
  8 1 0 0
```
Überschlag: ≈ 7600 + 500 = 8100 ✓

c)
```
        4 2 3
  + 2 3 9 0 7
        1   1
  -----------
    2 4 3 3 0
```
Überschlag: ≈ 400 + 23 900 = 24 300 ✓

d)
```
  7 6 4 5
+   9 8 7
+   3 6 4
  1 1 1
  -------
  8 9 9 6
```
Überschlag: ≈ 7600 + 1000 + 400 = 9000 ✓

6 a) 497
b) 627
c) 2124
d) 347

a)
```
    5 7 9
  −   8 2
    1
  -------
    4 9 7
```
Umkehraufgabe: 497 + 82 = 579 ✓

Du kannst auch bei der Umkehraufgabe schriftlich rechnen.

b)
```
    8 2 1
  − 1 9 4
    1 1
  -------
    6 2 7
```
Umkehraufgabe: 627 + 194 = 821 ✓

c)
```
    3 1 2 3
  −   9 9 9
    1 1 1
  ---------
    2 1 2 4
```
Umkehraufgabe: 2124 + 999 = 3123 ✓

d)
```
    1 2 0 0
  −   3 6 8
  −   4 8 5
    1 2 2
  ---------
      3 4 7
```
Umkehraufgabe: 347 + 485 + 368 = 1200 ✓

Die unteren 2 Zahlen addieren, dann bis zur ersten Zahl ergänzen.

7 a) Es gab noch 48 freie Plätze.
b) Es waren insgesamt 11 928 Zuschauer bei den beiden Spielen da.

a) gegeben: Sitzplätze: 6069
Zuschauer beim 1. Spiel: 6021
gesucht: freie Plätze beim 1. Spiel

```
    6 0 6 9
  − 6 0 2 1
  ---------
        4 8
```

b) gegeben:
Zuschauer beim 1. Spiel: 6021
Zuschauer beim 2. Spiel:
114 weniger als beim 1. Spiel
gesucht: Zuschauer beim 1. + 2. Spiel

6021 − 114 = 5907
6021 + 5907 = 11 928

```
    6 0 2 1
  −   1 1 4
    1   1
  ---------
    5 9 0 7

    6 0 2 1
  + 5 9 0 7
  1
  ---------
  1 1 9 2 8
```

Addition und Subtraktion Teste dich!

1 a) 227
b) 36
c) 656
d) 346

a) 1 7 6 + 5 1 =
1 7 6 + 5 0 = 2 2 6
2 2 6 + 1 = 2 2 7

b) 6 4 − 2 8 =
6 4 − 2 0 = 4 4
4 4 − 8 = 3 6

c) 5 8 2 + 7 4 =
5 8 2 + 7 0 = 6 5 2
6 5 2 + 4 = 6 5 6

d) 3 9 5 − 4 9 =
3 9 5 − 4 0 = 3 5 5
3 5 5 − 9 = 3 4 6

Du kannst aber auch im Kopf rechnen: mit der Strategie „in Schritten rechnen“ oder „mehr rechnen“.

2 a) 394
b) 6491
c) 36 007

a) 328 + 54 + 12
= 328 + 12 + 54
= 340 + 54 = 394

b) 275 + 691 + 5525
= 275 + 5525 + 691
= 5800 + 691 = 6491

c) 33 241 + 907 + 1859
= 33 241 + 1859 + 907
= 35 100 + 907 = 36 007

3 a) 684
b) 321
c) 1376
d) 436

a) 44 + (581 + 59)
= 44 + 640 = 684

b) (203 + 97) + 21
= 300 + 21 = 321

c) 876 + (344 + 156)
= 876 + 500 = 1376

d) 762 − 218 − 108
= 554 − 108 = 436

Bei d) darf man keine Klammern setzen, weil das Verbindungsgesetz bei der Subtraktion nicht gilt.

4 a) 37
b) 2560
c) 640

a) (739 + 504) − 1206 = 1243 − 1206 = 37
b) 7402 − (4576 + 2091) + 1825 = 7402 − 6667 + 1825 = 735 + 1825 = 2560
c) 1297 − (529 + 101) − (376 − 349) = 1297 − 630 − 27 = 667 − 27 = 640

Klammern immer zuerst

5 a) 8002
b) 67 190
c) 92 874
d) 47 650

a)
```
    7 6 5 3
  +   3 4 9
    1 1 1
  ---------
    8 0 0 2
```
Überschlag: 7700 + 300 = 8000 ✓

b)
```
      9 5 2 1
  + 5 7 6 6 9
    1 1   1
  -----------
    6 7 1 9 0
```
Überschlag: 10 000 + 58 000 = 68 000 ✓

c)
```
        7 9 8
  + 9 2 0 7 6
        1 1
  -----------
    9 2 8 7 4
```
Überschlag: 800 + 92 100 = 92 900 ✓

d)
```
      9 7 6 4
  +     6 4 1
  + 3 7 2 4 5
    1 1 1 1
  -----------
    4 7 6 5 0
```
Überschlag: 9800 + 600 + 37 200 = 47 600 ✓

Grundbegriffe der Geometrie Teste dich!

1 A(1|6) B(2|0)   A: 1 nach rechts, 6 nach oben   B: 2 nach rechts, 0 nach oben
C(4|5) D(6|1)   C: 4 nach rechts, 5 nach oben   D: 6 nach rechts, 1 nach oben
E(8|4) F(11|7)   E: 8 nach rechts, 4 nach oben   F: 11 nach rechts, 7 nach oben

2
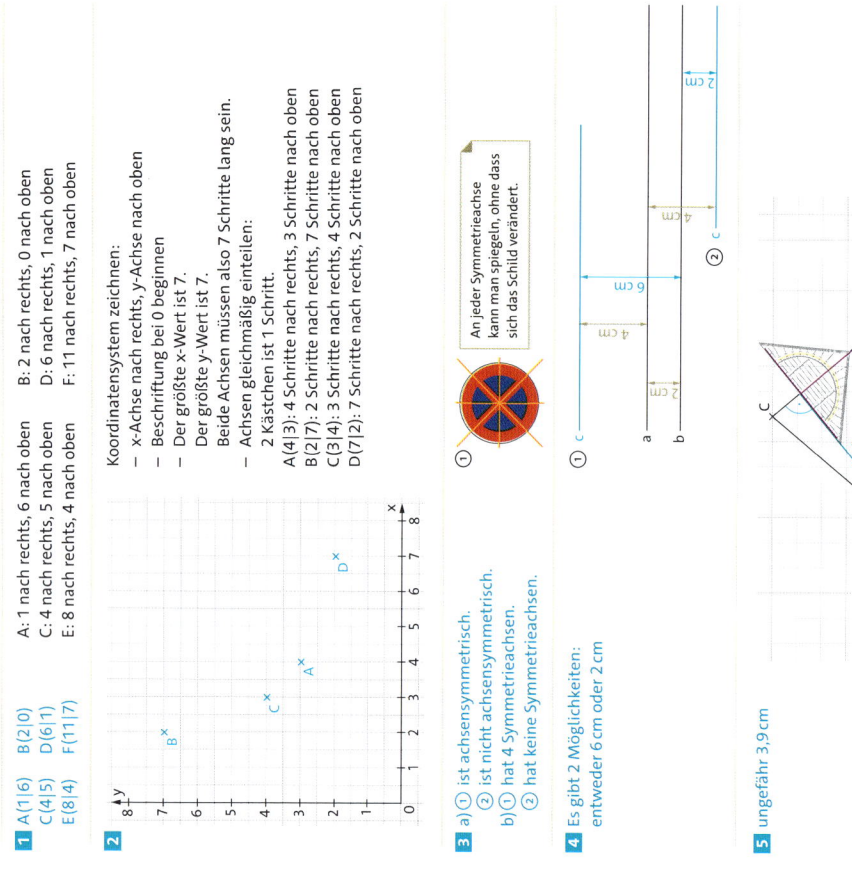

Koordinatensystem zeichnen:
- x-Achse nach rechts, y-Achse nach oben
- Beschriftung bei 0 beginnen
- Der größte x-Wert ist 7.
- Der größte y-Wert ist 7.
  Beide Achsen müssen also 7 Schritte lang sein.
- Achsen gleichmäßig einteilen:
  2 Kästchen ist 1 Schritt.

A(4|3): 4 Schritte nach rechts, 3 Schritte nach oben
B(2|7): 2 Schritte nach rechts, 7 Schritte nach oben
C(3|4): 3 Schritte nach rechts, 4 Schritte nach oben
D(7|2): 7 Schritte nach rechts, 2 Schritte nach oben

3 a) ① ist achsensymmetrisch.
② ist nicht achsensymmetrisch.
b) ① hat 4 Symmetrieachsen.
② hat keine Symmetrieachsen.

An jeder Symmetrieachse kann man spiegeln, ohne dass sich das Schild verändert.

4 Es gibt 2 Möglichkeiten:
entweder 6 cm oder 2 cm

①

②

5 ungefähr 3,9 cm

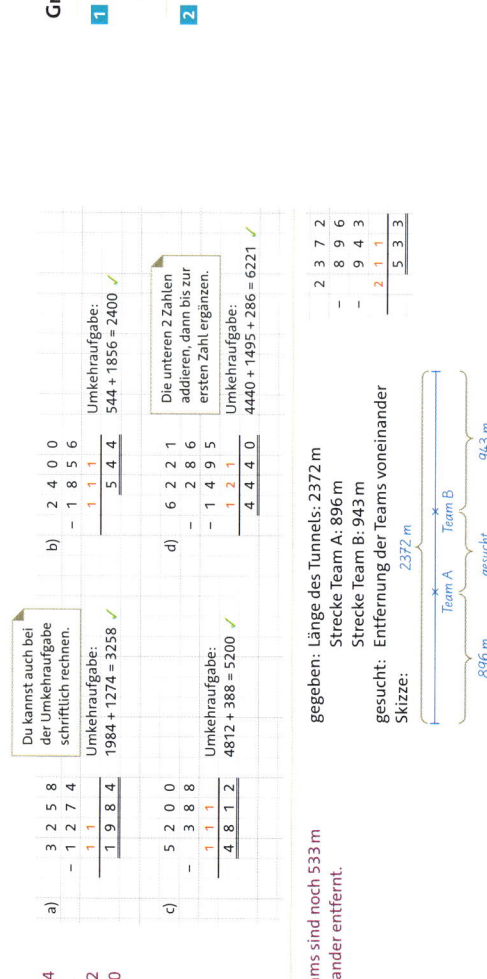

6 a) 1984
b) 544
c) 4812
d) 4440

a)
```
   3 2 5 8
 - 1 2 7 4
   1 1
   1 9 8 4
```
Umkehraufgabe:
1984 + 1274 = 3258 ✓

b)
```
   2 4 0 0
 - 1 8 5 6
   1 1
   5 4 4
```
Umkehraufgabe:
544 + 1856 = 2400 ✓

Du kannst auch bei der Umkehraufgabe schriftlich rechnen.

c)
```
   5 2 0 0
 -   3 8 8
   1 1 1
   4 8 1 2
```
Umkehraufgabe:
4812 + 388 = 5200 ✓

d)
```
   6 2 2 1
 - 1 4 9 5
   1 2 1
   4 4 4 0
```
Die unteren 2 Zahlen addieren, dann bis zur ersten Zahl ergänzen.

Umkehraufgabe:
4440 + 1495 + 286 = 6221 ✓

```
   2 3 7 2
 -   8 9 6
 -   9 4 3
   2 1 1
   5 3 3
```

7 Die Teams sind noch 533 m voneinander entfernt.

gegeben: Länge des Tunnels: 2372 m
Strecke Team A: 896 m
Strecke Team B: 943 m
gesucht: Entfernung der Teams voneinander
Skizze:

2372 m

Team A   Team B

896 m   gesucht   943 m

Multiplikation und Division Teste dich!

Du kannst aber auch im Kopf rechnen: mit der Strategie „mehr rechnen".

1 a) 144
b) 145
c) 12
d) 19

a)
$36 \cdot 4 = $
$30 \cdot 4 = 120$
$+\ 6 \cdot 4 = 24$
$36 \cdot 4 = 144$

b)
$5 \cdot 29 = $
$5 \cdot 20 = 100$
$+\ 5 \cdot 9 = 45$
$5 \cdot 29 = 145$

c)
$96 : 8 = $
$80 : 8 = 10$
$+\ 16 : 8 = 2$
$96 : 8 = 12$

d)
$171 : 9 = $
$90 : 9 = 10$
$+\ 81 : 9 = 9$
$171 : 9 = 19$

2 a) 88
b) 70
c) 38
d) 130

a) $(47 - 36) \cdot 8$ Klammern zuerst
$= 11 \cdot 8 = \underline{88}$

b) $78 - 64 : 8$ Punkt vor Strich
$= 78 - 8 = \underline{70}$

c) $7 + 9 \cdot 4 - 5$ Punkt vor Strich
$= 7 + 36 - 5 = \underline{38}$

d) $(14 - 12 : 3) \cdot 13$ Klammern zuerst
$= (14 - 4) \cdot 13$
$= 10 \cdot 13 = \underline{130}$

3 a) 170
b) 1500
c) 131000
d) 708000

a) $5 \cdot 17 \cdot 2$ Punkt vor Strich
$= 5 \cdot 2 \cdot 17$
$= 10 \cdot 17$
$= \underline{170}$

b) $4 \cdot 15 \cdot 25$
$= 4 \cdot 25 \cdot 15$
$= 100 \cdot 15$
$= \underline{1500}$

c) $131 \cdot 8 \cdot 125$ Punkt vor Strich
$= 131 \cdot (8 \cdot 125)$
$= 131 \cdot 1000$
$= \underline{131000}$

d) $50 \cdot 20 \cdot 708$ Klammern zuerst
$= (50 \cdot 20) \cdot 708$
$= 1000 \cdot 708$
$= \underline{708000}$

4 a) 324198
b) 305928
c) 266400
d) 445655

a)
$498 \cdot 651$
$2\,9\,8\,8\,0\,0$
$2\,4\,9\,0\,0$
$4\,9\,8$
$1\,1\,2$
$3\,2\,4\,1\,9\,8$
Ü.: ≈ 500 · 650 = 325000 ✓

b)
$504 \cdot 607$
$3\,0\,2\,4\,0\,0$
0
$3\,5\,2\,8$
$3\,0\,5\,9\,2\,8$
Ü.: ≈ 500 · 600 = 300000 ✓

c)
$360 \cdot 740$
$2\,5\,2\,0\,0\,0$
$1\,4\,4\,0\,0$
$0\,0\,0\,0$
$2\,6\,6\,4\,0\,0$
Ü.: ≈ 400 · 700 = 280000 ✓

d)
$5243 \cdot 85$
$4\,1\,9\,4\,4\,0$
$2\,6\,2\,1\,5$
$4\,4\,5\,6\,5\,5$
Ü.: ≈ 5000 · 90 = 450000 ✓

5 a) 1637
b) 1256
c) 718
d) 786

a)
$4911 : 3 = 1637$
$-\,3$
$1\,9$
$-\,1\,8$
$1\,1$
$-\,9$
$2\,1$
$-\,2\,1$
0
Umkehraufgabe:
$1637 \cdot 3$
4911 ✓

b)
$6280 : 5 = 1256$
$-\,5$
$1\,2$
$-\,1\,0$
$2\,8$
$-\,2\,5$
$3\,0$
$-\,3\,0$
0
Umkehraufgabe:
$1256 \cdot 5$
6280 ✓

c)
$5744 : 8 = 718$
$-\,5\,6$
$1\,4$
$-\,8$
$6\,4$
$-\,6\,4$
0
Umkehraufgabe:
$718 \cdot 8$
5744 ✓

d)
$8646 : 11 = 786$
$-\,7\,7$
$9\,4$
$-\,8\,8$
$6\,6$
$-\,6\,6$
0
Umkehraufgabe:
$786 \cdot 11$
786
$+\ 786$
8646 ✓

Grundbegriffe der Geometrie Teste dich!

1 A(0|4) B(3|7)
C(4|0) D(7|3)
E(10|1) F(11|0)

A: 0 nach rechts, 4 nach oben   B: 3 nach rechts, 7 nach oben
C: 4 nach rechts, 0 nach oben   D: 7 nach rechts, 3 nach oben
E: 10 nach rechts, 1 nach oben   F: 11 nach rechts, 0 nach oben

2 Koordinatensystem zeichnen:
− x-Achse nach rechts, y-Achse nach oben
− Beschriftung bei 0 beginnen
− Der größte x-Wert ist 40.
Die x-Achse muss also mindestens 40 Schritte lang sein.
Der größte y-Wert ist 60.
Die y-Achse muss also mindestens 60 Schritte hoch sein.
− Achsen gleichmäßig einteilen: 2 Kästchen sind 10 Schritte.
− Punkte eintragen

3 a) Beide Schilder sind achsensymmetrisch.
b) ① hat 3 Symmetrieachsen.
② hat 4 Symmetrieachsen.

An jeder Symmetrieachse kann man spiegeln, ohne dass sich das Schild verändert.

4 18 cm
Abstand von 2 Geraden: 1 · 2 cm = 2 cm
3 Geraden: 2 · 2 cm = 4 cm
4 Geraden: 3 · 2 cm = 6 cm
...
10 Geraden: 9 · 2 cm = 18 cm

5 Du hast richtig gezeichnet, wenn sich deine Linien alle drei in einem Punkt kreuzen.

Der Abstand geht durch den Punkt und ist senkrecht zur gegenüberliegenden Seite. Verwende die lila Hilfslinien am Geodreieck.

4
a) 3151512
b) 358248
c) 583420
d) 144072

b) $708 \cdot 506$
354000
$+ \quad 0000$
$+ \quad 4248$
$\overline{358248}$
Ü.: ≈ 700 · 500 = 350 000 ✓

a) $8658 \cdot 364$
2597400
$+ \quad 519480$
$+ \quad 34632$
$\overline{3151512}$
Ü.: ≈ 8700 · 400 = 3 480 000 ✓

d) $54 \cdot 2668$
108000
$+ \quad 3240$
$+ \quad 432$
$\overline{144072}$
Ü.: ≈ 50 · 2700 = 135 000 ✓

c) $941 \cdot 620$
564600
$+ \quad 18820$
$+ \quad 000$
$\overline{583420}$
Ü.: ≈ 900 · 600 = 540 000 ✓

5
a) 355
b) 2800 Rest1
c) 212
d) 4156

b) $14001 : 5 = 2800$ Rest 1
Umkehraufgabe:
$2800 \cdot 5$
$14000 + $ Rest 1

a) $3195 : 9 = 355$
Umkehraufgabe:
$355 \cdot 9$
3195 ✓

d) $5402 8 : 13 = 4156$
Umkehraufgabe:
$4156 \cdot 13$
41560
$+ \quad 12468$
$\overline{54028}$ ✓

c) $2968 : 14 = 212$
Umkehraufgabe:
$212 \cdot 14$
2120
$+ \quad 844$
$\overline{2964}$ ✓

6
c) $123 \cdot 45$
4920
$+ \quad 615$
$\overline{5535}$

b) $175 \cdot 23$
3500
$+ \quad 525$
$\overline{4025}$

a) $623 : 6$
$\overline{3738}$

a) $3 \cdot \blacksquare = \blacksquare 8$ — Welches Ergebnis hat am Ende eine 8?
b) $175 \cdot \blacksquare = 5 \blacksquare 5$ — Welches Ergebnis hat am Anfang und am Ende eine 5?
c) $3 \cdot \blacksquare = \blacksquare 2$ — Welches Ergebnis hat am Ende eine 2?

Multiplikation und Division — Teste dich!

1
a) 144
b) 145
c) 12
d) 19

a) $3 \cdot \blacksquare = \blacksquare 8$ — Welches Ergebnis hat am Ende eine 8?
b) $175 \cdot \blacksquare = 5 \blacksquare 5$ — Welches Ergebnis hat am Anfang und am Ende eine 5?
c) $3 \cdot \blacksquare = \blacksquare 2$ — Welches Ergebnis hat am Ende eine 2?

a) $36 : 4 = \blacksquare$
$30 : 4 = 120$
$+ \quad 6 : 4 = 24$
$\overline{36 : 4 = 144}$

b) $5 \cdot 29 = $
$5 \cdot 20 = 100$
$+ \quad 5 \cdot 9 = 45$
$\overline{5 \cdot 29 = 145}$

c) $96 : 8 = \blacksquare$
$80 : 8 = 10$
$+ \quad 16 : 8 = 2$
$\overline{96 : 8 = 12}$

d) $171 : 9 = $
$90 : 9 = 10$
$+ \quad 81 : 9 = 9$
$\overline{171 : 9 = 19}$

Du kannst aber auch im Kopf rechnen: mit der Strategie „mehr rechnen".

2
a) 27
b) 56
c) 148
d) 1100

a) $32 - (7 + 8) : 3$ — Klammern zuerst
$= 32 - 15 : 3$ — Punkt vor Strich
$= 32 - 5 = 27$

b) $47 + 72 : 8$ — Punkt vor Strich
$= 47 + 9 = 56$

c) $130 - 6 \cdot 5 + 48$ — Punkt vor Strich
$= 130 - 30 + 48 = 148$

d) $(104 + 36 : 6) \cdot 10$ — Punkt vor Strich
$= (104 + 6) \cdot 10$ — Klammern zuerst
$= 110 \cdot 10 = 1100$

3
a) 3400
b) 402000
c) 46000
d) 108

a) $5 \cdot 17 \cdot 40$
$= 5 \cdot 40 \cdot 17$
$= 200 \cdot 17$
$= 3400$

b) $4 \cdot 804 \cdot 125$
$= 4 \cdot 125 \cdot 804$
$= 500 \cdot 804$
$= 402000$

c) $2 \cdot 125 \cdot 46 \cdot 4$
$= 2 \cdot 4 \cdot 125 \cdot 46$
$= 1000 \cdot 46$
$= 46000$

d) $4 \cdot (20 + 7)$
$= 4 \cdot 20 + 4 \cdot 7$
$= 80 + 28$
$= 108$

Größen im Alltag Teste dich!

wiegen, also Gewicht: t, kg, g
kosten, also Geld: €, ct
lang, also Länge: km, m, dm, cm, mm
breit, also Länge: km, m, dm, cm, mm

1 a) g
b) ct
c) m
d) cm

a) Die Zeitschrift wiegt 300 ■.
b) Die Milch kostet 60 ■.
c) Der Bus ist 14 ■ lang.
d) Die Tür ist 80 ■ breit.

2 a) 324 € 90 ct
b) 150 cm
c) 3 521 999 g
d) 2 h 1 min

a) Vor dem Komma €, hinter dem Komma ct.
b) 1,50 m = 1 m 50 cm = 100 cm + 50 cm = 150 cm
c) 3 t = 3000 kg = 3000000 g
  521 kg = 521 000 g   3 000 000 g + 521 000 g + 999 g = 3 521 999 g
d) 121 min = 120 min + 1 min = 2 h + 1 min

t in g schrittweise umrechnen

3 2000 g
12 000 g
340 kg 999 g
3 t 450 kg
5 t; 9999 kg

Erst alle Gewichte in die gleiche Einheit umrechnen: g
2000 g   5 t = 5000 kg = 5 000 000 g
3 t 450 kg = 3450 kg = 3 450 000 g   9999 kg = 9 999 000 g
12 000 g   340 kg 999 g = 340 999 g
Ordne dann die Gewichte:
2000 g   12 000 g   340 999 g   3 450 000 g   5 000 000 g   9 999 000 g

Umrechnungszahl 1000

Rechne erst in eine kleinere Einheit um.

4 a) 790 cm
b) 105 cm
c) 95002 dm

a) 8,20 m = 820 cm   820 cm − 30 cm = 790 cm
b) 1,5 dm = 15 cm   7 · 15 cm = 105 cm
c) 8 km = 8000 m = 80 000 dm   1500 m = 15 000 dm
  80 000 dm + 15 000 dm + 2 dm = 95 002 dm

5 Das Geld reicht.
Er bekommt 2,56 €
Wechselgeld.

Es sind 12 Milchpackungen. Jede kostet 0,62 € = 62 ct. 12 · 62 ct = 744 ct = 7,44 €.
Die Kartons kosten zusammen 7,44 €.
10 € − 7,44 € = 1000 ct − 744 ct = 256 ct = 2,56 €

6 a) Marlon hätte noch 1 h und 14 min bleiben können.
b) Ja, Marlon hätte auch eine Karte für den 2-Stunden-Tarif kaufen können.

a) Von 13.57 Uhr bis 15.43 Uhr sind es 1 h 46 min.
  3 h − 1 h 46 min = 180 min − 106 min = 74 min = 1 h 14 min
b) 2 Stunden später als 13.57 Uhr: 15.57 Uhr
  So lange kann man mit dem 2-Stunden-Tarif bleiben.
  Marlon ist früher als 15.57 Uhr gegangen.
  oder:
  Von 13.57 Uhr bis 15.43 Uhr sind es 1 h 46 min.
  Das sind weniger als 2 h.

Größen im Alltag Teste dich!

wiegen, also Gewicht: t, kg, g
groß, also Länge: km, m, dm, cm, mm
Das kann nur Zeit sein: h, min, s
kosten, also Geld: €, ct
lang, also Länge: km, m, dm, cm, mm

1 a) 41 kg und 1,61 m
b) min
c) ct
d) m

a) Corinna wiegt 41 ■ und ist 1,61 ■ groß.
b) Das Spiel wird 5 ■ unterbrochen.
c) Das Brötchen kostet 45 ■.
d) Die Reithalle ist 50 ■ lang.

Die Null bei 5 ■ nicht vergessen.

2 a) 1027,05 €
b) 2450 mm
c) 3 003 003 g
d) 3 h 20 min

a) Vor dem Komma €, hinter dem Komma ct.
b) Vor dem Komma m, hinter dem Komma cm.
  2,45 m = 2 m 45 cm = 245 cm = 2450 mm
c) 3 t = 3000 kg = 3 000 000 g
  3 kg = 3000 g   3 000 000 g + 3000 g + 3 g = 3 003 003 g
d) 200 min = 180 min + 20 min = 3 h + 20 min

3 200,500 t > 10 t 999 kg
> 2,5 t > 1 t 500 g
> 349,900 kg
> 120 kg 800 g

Erst alle Gewichte in die gleiche Einheit umrechnen: g
2,5 t = 2500 kg = 2 500 000 g   120 kg 800 g = 120 800 g
10 t 999 kg = 10 999 kg = 10 999 000 g
349,900 kg = 349 900 g   1 t 500 g = 1000 kg 500 g = 1 000 500 g
200,500 t = 200 500 kg = 200 500 000 g
Ordne dann die Gewichte:
200 500 000 g > 10 999 000 g > 2 500 000 g > 1 000 500 g > 349 900 g > 120 800 g

Umrechnungszahl 1000

Rechne erst in eine kleinere Einheit um.

4 a) 620 cm
b) 2
c) 100

a) 7,70 m = 770 cm   150 cm + 620 cm = 770 cm
b) 5 m = 50 dm   2 · 25 dm = 50 dm
c) 1 km = 1000 m   1000 m : 100 = 10 m

5 Sie könnte eine Kiste Wasser oder eine Packung Kaugummis zurückgeben. Dann reicht das Geld.

Jede Kiste kostet 4,99 € = 499 ct.
Jede Packung Kaugummis kostet 1,99 € = 199 ct.   3 · 499 ct = 1497 ct = 14,97 €
Alles zusammen als 1497 ct + 597 ct = 2094 ct = 20,94 €   3 · 199 ct = 597 ct = 5,97 €
Sie muss also etwas zurückgeben, was 94 ct oder mehr kostet.

6 a) 1,30 €
b) 2,85 €
c) 3,60 €
d) ab 5 h und 46 min

a) Man muss die 1. Stunde und die 2. Stunde bezahlen:
  0,60 € + 0,70 € = 1,30 €
b) Man muss die 1. Stunde, die 2. Stunde, die 3. Stunde und dreimal weitere 15 Minuten bezahlen: 0,60 € + 0,70 € + 0,80 € + 3 · 0,25 € = 2,85 €
c) Von 7.43 Uhr bis 12.04 Uhr sind es 4 h 21 min.
  Man muss die 1. Stunde, die 2. Stunde, die 3. Stunde und 6-mal weitere 15 Minuten bezahlen: 0,60 € + 0,70 € + 0,80 € + 6 · 0,25 € = 3,60 €
d) Für die ersten 3 Stunden bezahlt man 0,60 € + 0,70 € + 0,80 € = 2,10 €.
  Für jede weitere 15 Minuten bezahlt man 0,25 €:
  bis 3 h: 2,10 €
  bis 3 h 15 min: 2,10 € + 1 · 0,25 € = 2,35 €
  bis 3 h 30 min: 2,10 € + 2 · 0,25 € = 2,60 €
  ... bis 5 h 45 min: 2,10 € + 11 · 0,25 € = 4,85 €
  bis 6 h: 2,10 € + 12 · 0,25 € = 5,10 €
  Ab 5 h 46 min lohnt sich die Tageskarte.

Löse durch Probieren: Berechne den Preis für 3 h, 3 h 15 min, 3 h 30 min, 3 h 45 min, 4 h, ...

Flächen Teste dich!

1 a)

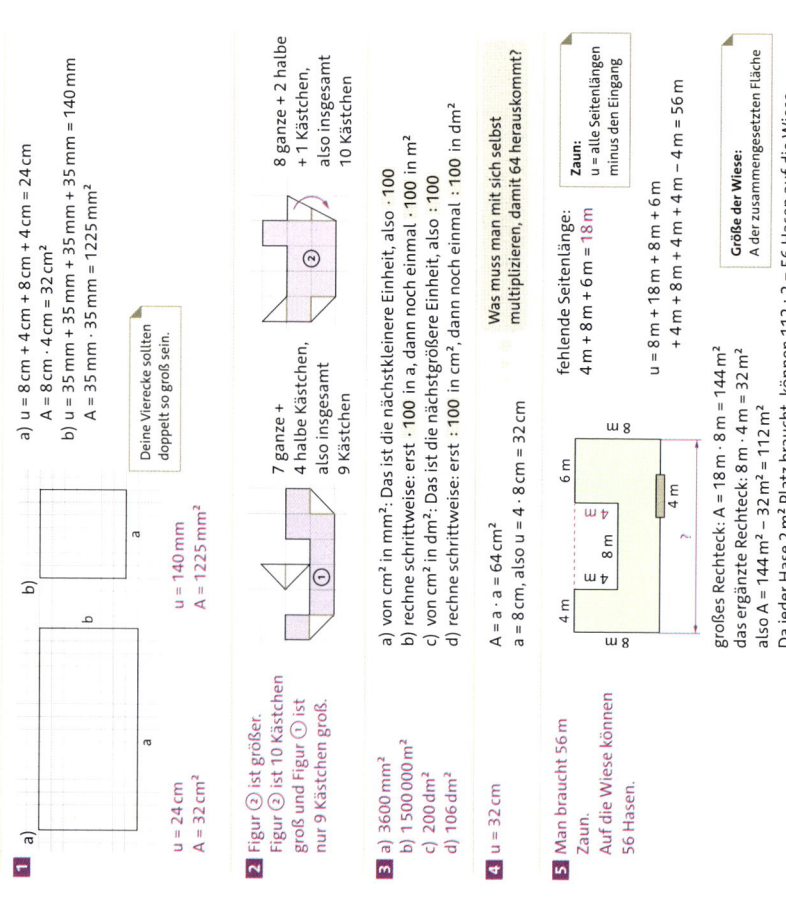

a) $u = 7\,cm + 3\,cm + 7\,cm + 3\,cm = 20\,cm$
$A = 7\,cm \cdot 3\,cm = 21\,cm^2$
b) $u = 3\,cm + 3\,cm + 3\,cm + 3\,cm = 12\,cm$
$A = 3\,cm \cdot 3\,cm = 9\,cm^2$

Deine Vierecke sollten doppelt so groß sein.

$u = 20\,cm,\ A = 21\,cm^2$ $u = 12\,cm,\ A = 9\,cm^2$

2 Figur ② ist größer.
Figur ② ist 7 Kästchen groß und Figur ① ist nur 6 Kästchen groß.

4 ganze + 4 halbe Kästchen, also insgesamt 6 Kästchen

5 ganze + 4 halbe Kästchen, also insgesamt 7 Kästchen

3 a) von cm² in mm²: Das ist die nächstkleinere Einheit, also ·100
b) von km² in ha: Das ist die nächstkleinere Einheit, also ·100
c) von cm² in dm²: Das ist die nächstgrößere Einheit, also :100
d) rechne schrittweise: erst :100 in dm², dann noch einmal :100 in m²

a) $1000\,mm^2$
b) $5000\,ha$
c) $48\,dm^2$
d) $7\,m^2$

4 $u = a + a + a + a = 36\,cm$ oder $u = 4 \cdot a = 36\,cm$
$a = 9\,cm$, also $A = 9\,cm \cdot 9\,cm = 81\,cm^2$

$A = 81\,cm^2$

Was muss man mit 4 multiplizieren, damit 36 herauskommt?

5 Man braucht 64 m Zaun.
Die Wiese ist 250 m² groß.

Zaun: u = alle Seitenlängen minus den Eingang

fehlende Seitenlänge:
$15\,m - 5\,m = 10\,m$

$u = 15\,m + 20\,m + 5\,m + 5\,m + 10\,m + 15\,m - 6\,m = 64\,m$

Größe der Wiese: A der zusammengesetzten Fläche

großes Rechteck: $A = 20\,m \cdot 15\,m = 300\,m^2$
das ergänzte Rechteck: $5\,m \cdot 10\,m = 50\,m^2$
also $A = 300\,m^2 - 50\,m^2 = 250\,m^2$

Flächen Teste dich!

1 a)   b)

a) $u = 8\,cm + 4\,cm + 8\,cm + 4\,cm = 24\,cm$
$A = 8\,cm \cdot 4\,cm = 32\,cm^2$
b) $u = 35\,mm + 35\,mm + 35\,mm + 35\,mm = 140\,mm$
$A = 35\,mm \cdot 35\,mm = 1225\,mm^2$

Deine Vierecke sollten doppelt so groß sein.

$u = 24\,cm$
$A = 32\,cm^2$

$u = 140\,mm$
$A = 1225\,mm^2$

2 Figur ② ist größer.
Figur ② ist 10 Kästchen groß und Figur ① ist nur 9 Kästchen groß.

7 ganze + 4 halbe Kästchen, also insgesamt 9 Kästchen

8 ganze + 2 halbe + 1 Kästchen, also insgesamt 10 Kästchen

3 a) von cm² in mm²: Das ist die nächstkleinere Einheit, also ·100
b) rechne schrittweise: erst ·100 in a, dann noch einmal ·100 in m²
c) von cm² in dm²: Das ist die nächstgrößere Einheit, also :100
d) rechne schrittweise: erst :100 in cm², dann noch einmal :100 in dm²

a) $3600\,mm^2$
b) $1\,500\,000\,m^2$
c) $200\,dm^2$
d) $106\,dm^2$

4 $A = a \cdot a = 64\,cm^2$
$a = 8\,cm$, also $u = 4 \cdot 8\,cm = 32\,cm$

$u = 32\,cm$

Was muss man mit sich selbst multiplizieren, damit 64 herauskommt?

5 Man braucht 56 m Zaun.
Auf die Wiese können 56 Hasen.

Zaun: u = alle Seitenlängen minus den Eingang

fehlende Seitenlänge:
$4\,m + 8\,m + 6\,m = 18\,m$

$u = 8\,m + 18\,m + 8\,m + 6\,m + 4\,m + 8\,m + 4\,m + 4\,m - 4\,m = 56\,m$

Größe der Wiese: A der zusammengesetzten Fläche

großes Rechteck: $A = 18\,m \cdot 8\,m = 144\,m^2$
das ergänzte Rechteck: $8\,m \cdot 4\,m = 32\,m^2$
also $A = 144\,m^2 - 32\,m^2 = 112\,m^2$
Da jeder Hase 2 m² Platz braucht, können $112 : 2 = 56$ Hasen auf die Wiese.

Kreise und Winkel Teste dich!

1 kleine Kreise: $r = 1\,cm$, $d = 2\,cm$
großer Kreis: $r = 2\,cm$, $d = 4\,cm$

Den kleinen Kreis muss man zweimal zeichnen, aber jeweils nur halb. Den großen Kreis muss man einmal zeichnen.

2 größter Winkel: γ
kleinster Winkel: δ

a) α 85° bis 95°   β 40 bis 50°
γ 85° bis 110°   δ 20 bis 40°

b) α = 90°   β = 45°
γ = 100°   δ = 30°

Der größte Winkel muss γ sein, da es ein stumpfer Winkel ist.
Der kleinste Winkel muss δ sein, weil es ein spitzer Winkel ist und auch kleiner als β ist.

a) α ist ein rechter Winkel (90°)
β ist die Hälfte eines rechten Winkels (90° : 2)
γ ist ein stumpfer Winkel (90° bis 180°), aber näher an 90°
δ ist ein spitzer Winkel (0° bis 90°) und etwa ein Drittel von 90°

> Schätze mithilfe der Winkelarten.

3

Der Schenkel muss nicht unbedingt auf dem Kästchenraster vom Heft liegen.
Du kannst die Winkel auch drehen.

4 Der Winkel α ist etwa 58° groß.

Zeichne das Dreieck mit den Seiten 12 cm und 7,5 cm ins Heft.
Miss dann den Winkel.

Kreise und Winkel Teste dich!

1 von innen nach außen:
① r = 0,5 cm   d = 1 cm
② r = 1 cm   d = 2 cm
③ r = 1,5 cm   d = 3 cm
④ r = 2 cm   d = 4 cm

Man zeichnet immer nur einen halben Kreis und wählt abwechselnd den rechten oder linken Mittelpunkt.

2 größter Winkel: γ
kleinster Winkel: δ

a) α 85° bis 95°   β 40 bis 50°
γ 85° bis 110°   δ 20 bis 40°

b) α = 90°   β = 45°
γ = 100°   δ = 30°

Der größte Winkel muss γ sein, da es ein stumpfer Winkel ist.
Der kleinste Winkel muss δ sein, weil es ein spitzer Winkel ist und auch kleiner als β ist.

a) α ist ein rechter Winkel (90°)
β ist die Hälfte eines rechten Winkels (90° : 2)
γ ist ein stumpfer Winkel (90° bis 180°), aber näher an 90°
δ ist ein spitzer Winkel (0° bis 90°) und etwa ein Drittel von 90°

> Schätze mithilfe der Winkelarten.

3

γ ist ein überstumpfer Winkel.
Zeichne entweder zuerst 145° und beschrifte den anderen Winkel. Oder zeichne einen gestreckten Winkel und ergänze ihn zu 215°

4 Der Winkel α muss ungefähr 28° groß sein.

Zeichne das Bild mit 3 cm und die Entfernung zum Bild mit 6 cm ins Heft. Miss dann den Winkel.

Brüche Teste dich!

1 a) orange: $\frac{3}{4}$ blau: $\frac{1}{4}$

b) orange: $\frac{2}{6}$ blau: $\frac{4}{6}$

c) orange: $\frac{4}{6}$ blau: $\frac{2}{6}$

d) orange: $\frac{8}{14}$ blau: $\frac{6}{14}$

orange:
Wie viele Teile sind orange? Das kommt in den **Zähler.**
Wie viele gleich große Teile sind es? Das kommt in den **Nenner.**

2 a) $\frac{2}{3}$

b) $\frac{3}{4}$

c) $\frac{4}{7}$

a) Teile die Figur in 3 gleich große Teile. Male 2 Teile bunt.
b) Teile die Figur in 4 gleich große Teile. Male 3 Teile bunt.
c) Teile die Figur in 7 gleich große Teile. Male 4 Teile bunt.

3 a) $\frac{8}{4} = 2$

b) 2 Stücke; $\frac{2}{4}$ oder $\frac{1}{2}$

a) Es sind 8 Pizzastücke.
Beide Pizzen wurden in 4 gleich große Stücke geteilt.
b) Jedes Kind bekommt 2 Stücke. Das sind $\frac{2}{4}$ einer Pizza.

4 a) 24 €
b) 750 g
c) 400 m
d) 42 cm

> Bei b), c) und d) muss man erst in eine kleinere Einheit umrechnen.

a)

56 €						
8€	8€	8€	8€	8€	8€	8€
8€	8€	8€	8€	8€	8€	8€

56 € $\xrightarrow{:7}$ 8 € $\xrightarrow{\cdot 3}$ 24 €

b) 1 kg = 1000 g

1000 g			
250 g	250 g	250 g	250 g
250 g	250 g	250 g	250 g

1000 g $\xrightarrow{:4}$ 250 g $\xrightarrow{\cdot 3}$ 750 g

c) 1 km = 1000 m

1000 m				
200 m	200 m	200 m	200 m	200 m
200 m	200 m	200 m	200 m	200 m

1000 m $\xrightarrow{:5}$ 200 m $\xrightarrow{\cdot 2}$ 400 m

d) 6 dm = 60 cm

60 cm									
6cm	6cm	6cm	6cm	6cm	6cm	6cm	6cm	6cm	6cm

60 cm $\xrightarrow{:10}$ 6 cm $\xrightarrow{\cdot 7}$ 42 cm

5 Das stimmt.

Wenn man das obere Rechteck nach unten klappt, sieht man genau, dass das die Hälfte ist.

Brüche Teste dich!

1 a) orange: $\frac{7}{12}$ lila: $\frac{5}{12}$
  b) orange: $\frac{13}{24}$ lila: $\frac{11}{24}$

orange:
Wie viele Teile sind orange? Das kommt in den **Zähler**.
Wie viele gleich große Teile sind es? Das kommt in den **Nenner**.

2 a) $\frac{4}{7}$

a) Teile die Figur in 7 gleich große Teile.
  Male 4 Teile bunt.

b) $\frac{5}{6}$

b) Teile die Figur in 6 gleich große Teile.
  Male 5 Teile bunt.

c) $\frac{3}{4}$

c) Teile die Figur in 4 gleich große Teile.
  Male 3 Teile bunt.

3 a) Sie müssen die Pizza in Viertel teilen.
  b) Jeder bekommt $\frac{1}{2}$ Pizza.

a)

b)

4 a) 24 €
  b) 600 m
  c) 875 kg
  d) 2500 g

Bei b), c) und d) muss man erst in eine kleinere Einheit umrechnen.

a) 42 €

6 € | 6 € | 6 € | 6 €
6 € | 6 € | 6 €

$42 € \xrightarrow{:7} 6 € \xrightarrow{\cdot 4} 24 €$

b) 1 kg = 1000 g

1000 m

200 m | 200 m | 200 m
200 m | 200 m

$1000 \text{ m} \xrightarrow{:5} 200 \text{ m} \xrightarrow{\cdot 3} 600 \text{ m}$

c) 1 t = 1000 kg

1000 kg

125 kg | 125 kg | 125 kg | 125 kg
125 kg | 125 kg | 125 kg | 125 kg

$1000 \text{ kg} \xrightarrow{:8} 125 \text{ kg} \xrightarrow{\cdot 7} 875 \text{ kg}$

d) 6 kg = 6000 g

6000 g

500 g | 500 g | 500 g | 500 g | 500 g | 500 g
500 g | 500 g | 500 g | 500 g | 500 g | 500 g

$6000 \text{ g} \xrightarrow{:12} 500 \text{ g} \xrightarrow{\cdot 5} 2500 \text{ g}$

5 Das stimmt.

Wenn man die Figur in 3 Reihen mit jeweils 8 Kästchen einteilt, erhält man 24 gleich große Teile.
6 Kästchen sind davon lila.
Alle 24 Kästchen kann man auch in 6 Kästchen einteilen:
4 mal 6 Kästchen.

Daten Teste dich!

1 a)

Märchen	Strichliste	Häufigkeit
Rapunzel	IIII I	6
Froschkönig	IIII II	7
Frau Holle	I	1
Sterntaler	II	2

b) Es wurden 16 Kinder befragt.

a) Es gab vier verschiedene Antworten.
  Zähle, wie oft jede Antwort gegeben wurde.
  Trage die Zahl in die Tabelle ein.

Fasse bei der Strichliste immer 5 zusammen: IIII

b) 6 + 7 + 1 + 2 = 16

2 a) ① Das Balkendiagramm zeigt, wie lang die Tiere sind.
  ② Das Säulendiagramm zeigt, wie schwer die Tiere sind.
  ③ Das Figurendiagramm zeigt, wie viele Babys die Tiere bekommen.
  ④ Das Kreisdiagramm zeigt, wie viele Tiere es im Zoo gibt.
  b) Der Hamster ist 20 cm lang, wiegt 400 g und bekommt 12 Babys.
  Es gibt 5 Hamster im Zoo.

b) ① Der Balken geht bis 20 cm.
  ② Die Säule geht bis 100 g.
  ③ Es sind 4 Hamster abgebildet, jede Figur steht für 3: also 4 · 3 = 12
  ④ $\frac{1}{4}$ von 20 Tieren sind 5.

3

Einkauf von Frau Kühler

Die Zahlen kommen an die Hochachse.
Das Obst kommt an die Rechtsachse.

Der größte Wert ist 10:
Die Hochachse muss also 10 Schritte hoch sein.

Es gibt 4 Obstsorten:
Zeichne auf der Rechtsachse 4 Säulen.

4 Minimum: 0   Maximum: 60
  Spannweite: 60

Die wenigsten Schläge sind 0, die meisten Schläge sind 60.
Spannweite: 60 – 0 = 60

5 a) Elefant
  b) Zebra
  c) Nashorn
  d) Nashorn, Hai und Elefant
  e) Nein, die Säule wäre zu klein.
  f) Nein, das macht keinen Sinn.

a) höchste Säule: Elefant   b) kleinste Säule: Zebra
c) Die Säule des Nashorns ist höher als die Säule des Hais.
d) Die Säulen für Nashorn, Hai und Elefant sind höher als 35 Jahre.
e) Die Säule wäre nur einen halben Millimeter hoch.
f) Wenn man das Alter addiert, ist es so, als ob alle Tiere hintereinander leben würden. Das macht keinen Sinn.

Daten Teste dich!

1 a)

Taschengeld	Strichliste	Häufigkeit
weniger als 10 €	₥	5
zwischen 10 € und 15 €	₥ IIII	9
zwischen 15 € und 20 €	III	3
mehr als 20 €	₥	5
	Summe:	22

Es gab vier verschiedene Antworten.
Zähle, wie oft jede Antwort gegeben wurde.
Trage die Zahl in die Tabelle ein.
Addiere am Ende
die Häufigkeiten.

> Fasse bei der Strichliste immer 5 zusammen: ₥

2 a) ① Das Balkendiagramm zeigt, wie lang die Tiere sind.
② Das Säulendiagramm zeigt, wie schwer die Tiere sind.
③ Das Figurendiagramm zeigt, wie viele Babys die Tiere bekommen.
④ Das Kreisdiagramm zeigt, wie viele Tiere es im Zoo gibt.
b) Der Hamster ist 20 cm lang, wiegt 400 g und bekommt 12 Babys.
Es gibt 5 Hamster im Zoo.

b) ① Der Balken geht bis 20 cm.
② Die Säule geht bis 100 g.
③ Es sind 4 Hamster abgebildet, jede Figur steht für 3: also $4 \cdot 3 = 12$
④ $\frac{1}{4}$ von 20 Tieren sind 5.

3
Am besten rundet man die Zahlen auf Zehner:
Brokkoli: $92 \approx 90$ Paprika: $143 \approx 140$
Radieschen: $89 \approx 90$ Knoblauch: $96 \approx 100$
Die Zahlen kommen an die Hochachse.
Das Gemüse kommt an die Rechtsachse.

Der größte Wert ist 140:
Die Hochachse muss also 140 Schritte hoch sein.
Zeichne für jedes Kästchen 10 Schritte.

Es gibt 4 Gemüsesorten:
Zeichne auf der Rechtsachse 4 Säulen.

Gemüsekauf

Brokkoli Paprika Radies- Knob-
chen lauch

4 Minimum: 258 g
Maximum: 3100 g
Spannweite: 2842 g

Das leichteste Paket wiegt 258 g.
Das schwerste Paket wiegt 3100 g.
Spannweite: $3100\ g - 258\ g = 2842\ g$

5 a) Elefant
b) Zebra
c) Nashorn
d) Nashorn, Hai und Elefant
e) Nein, die Säule wäre zu klein.
f) Nein, das macht keinen Sinn.

a) höchste Säule: Elefant   b) kleinste Säule: Zebra
c) Die Säule des Nashorns ist höher als die Säule des Hais.
d) Die Säulen für Nashorn, Hai und Elefant sind höher als 35 Jahre.
e) Die Säule wäre nur einen halben Millimeter hoch.
f) Wenn man das Alter addiert, ist es so, als ob alle Tiere hintereinander leben würden. Das macht keinen Sinn.